Guojia Haian 1 Hao Lüyou Gonglu Sheji Lilun yu Shijian
国家海岸1号旅游公路设计理论与实践

姚晓阳　陆旭东　王维红　王耀军　**编著**

人民交通出版社

北　京

内 容 提 要

旅游公路建设对于提升景区形象和旅游质量,促进地区旅游业发展和经济增长具有重要意义。海南环岛旅游公路以"国家海岸1号旅游公路"为建设定位,是建设海南自由贸易港和创建国际旅游消费中心的先导性重大基础设施项目。

本书以海南环岛旅游公路规划设计为依托,共分9章,分别介绍了旅游公路内涵与设计思路、旅游公路设计基础知识、国家海岸1号旅游公路建设背景和意义、国家海岸1号旅游公路廊道分析、国家海岸1号旅游公路选线设计、国家海岸1号旅游公路设计关键指标、国家海岸1号旅游公路服务设施设计、国家海岸1号旅游公路廊道景观控制及设计、国家海岸1号旅游公路工程实践等内容。

本书可供公路工程设计管理人员学习使用,亦可供从事交旅融合的科研技术人员借鉴参考。

图书在版编目(CIP)数据

国家海岸1号旅游公路设计理论与实践／姚晓阳等编著. — 北京：人民交通出版社股份有限公司, 2024. 10. — ISBN 978-7-114-19837-3

Ⅰ. U412

中国国家版本馆 CIP 数据核字第 2024JS3745 号

书　　名：国家海岸1号旅游公路设计理论与实践
著　作　者：姚晓阳　陆旭东　王维红　王耀军
责任编辑：岑　瑜
责任校对：卢　弦
责任印制：刘高彤
出版发行：人民交通出版社
地　　址：(100011)北京市朝阳区安定门外外馆斜街3号
网　　址：http://www.ccpcl.com.cn
销售电话：(010)85285857
总　经　销：人民交通出版社发行部
经　　销：各地新华书店
印　　刷：北京市密东印刷有限公司
开　　本：787×1092　1/16
印　　张：11.25
字　　数：225 千
版　　次：2024 年 10 月　第 1 版
印　　次：2024 年 10 月　第 1 次印刷
书　　号：ISBN 978-7-114-19837-3
定　　价：128.00 元

(有印刷、装订质量问题的图书,由本社负责调换)

《国家海岸1号旅游公路设计理论与实践》
编写委员会

主　　任：姚晓阳　陆旭东　王维红

副 主 任：王耀军　张永红　贾界峰

编　　委：孙福杰　李　磊　刘冰冰　吴坤武　郝晓光　白　鑫
　　　　　袁新哲　王阔然　安玉鹏　于红润　徐　博　王智龙
　　　　　李　洋　陈朝阳　韩炜举　魏　鑫　张健侯　王　华
　　　　　王兴忠　刘宇博

FOREWORD

序

引领心灵之旅,织就幸福之路

在快节奏的现代生活中,旅游成为现代人追求心灵自由与释放的重要方式之一。旅游公路作为连接美丽风景与丰富文化的纽带,其规划与设计不仅仅是工程技术的展现,更是对自然之美、文化之韵深刻理解与尊重的体现。

党中央、国务院高度重视交通与旅游融合工作。《交通强国建设纲要》《国家综合立体交通网规划纲要》等政策文件,提出要加快旅游交通体系规划建设,推进交通与旅游融合,打造具有广泛影响力的自然风景线。旅游公路兼具交通与旅游功能,具备景观优美、品质优良、设施完备、运行安全、绿色低碳、服务优质等特点,是扩大内需、促进消费升级,满足人民对美好生活向往、促进共同富裕的重要载体。

旅游交通涵盖了"快进"与"慢游"两个层面。高速铁路、民航和高等级公路属于"快进"范畴,它们满足了游客自客源地远距离快速、便捷地进出目的地的需求;这些交通方式衔接的综合客运枢纽也承担着快捷集散的功能,同时还提供餐饮休憩、咨询服务等多种旅游服务功能。而以旅游公路为代表的"慢游"交通网络,则是在"全域旅游"背景下,集"吃住行游购娱"于一体,具有通达、游憩、体验、运动、文化、教育等复合功能,全方位满足旅游者的"慢游"需求,这使旅游者能够在全域范围内"亦行亦游",深入体验当地景观文化带来的愉悦感受。

交通运输是旅游业发展的基础支撑和先决条件。2017年3月,交通运输部、国家旅游局等六部门联合印发了《关于促进交通运输与旅游融合发展的若干意见》(交规划发〔2017〕24号),要求打造一批特色突出的旅游风景道示范工程。

海南省，作为我国唯一的热带省份，拥有众多享誉国内外的旅游景区，发展旅游业具有得天独厚的优势。海南环岛旅游公路被定位为"国家海岸1号旅游公路"，不仅是海南国际旅游消费中心的标志性项目，也是海南全域旅游发展迈上新台阶的重要一笔。该公路全线约五分之一的路段可欣赏到海景，沿途经过悬崖、海滩、湿地、沙丘、农田和森林等多种地貌，景观多样性堪称全国之最。

海南环岛旅游公路的布局体现了"点、线、链"相结合的珍珠项链式空间形态。以景点景区、特色城镇、美丽乡村和服务驿站等为点，创建滨海旅游重要目的地和旅游消费中心；以环岛旅游公路为"线"，形成滨海全域旅游发展的全要素有机连接；以环岛旅游公路为"平台"，创建"路道型"旅游综合体，形成珍珠项链式的整体空间特色。

海南环岛旅游公路项目从规划立项至建成历时十余载，凝聚了所有参与者的心血与期待。2023年底，该项目全线贯通。本书旨在探索并阐述旅游公路设计的精髓与魅力，它不仅仅是一本关于道路建设的指南，更是一场关于梦想、探索和人与自然和谐共生的心灵对话。我们相信，每一段精心设计的旅游公路都是对大地风貌的深情描绘，对历史文化的温柔触碰，以及对旅行者心灵深处那份对美好事物无尽向往的精准捕捉。

朝乾夕惕，功不唐捐，中交基础设施养护集团设计团队博采众家之所长，集项目之特色，编撰了《国家海岸1号旅游公路设计理论与实践》。该书的策划出版将为我国旅游公路设计实践增添浓墨重彩的一笔，为我国旅游公路建设事业及交旅融合发展新业态提供助力，并为我国交通可持续发展提供重要的技术支撑。

中国工程院院士

2024年7月

PREFACE 前言

　　随着我国经济的快速发展和人民生活水平的日益提高,人们对精神文化的需求进一步增强,越来越多的人选择旅游作为放松心情、提高生活质量的有效途径。为了满足人们对便捷舒适旅游体验的需求,促进旅游资源的开发和利用,带动区域经济发展,打造线状旅游目的地,促进交通和旅游融合发展显得尤为重要。这种融合能在转变传统的孤立式发展模式,从单一系统向综合系统转变,构建以旅游公路为主,协同慢行交通,实现不同交通方式无缝衔接的旅游型立体综合交通网络体系。

　　国家已经建设了黑龙江伊春小兴安岭风景道、四川川主寺至九寨沟旅游公路、环长白山旅游公路、遵义赤水河旅游公路等一系列旅游公路。这些旅游公路不仅实现了快速通达,还满足了游客对舒适体验的需求,使道路在串联风景的同时,贯通文化脉络,形成"快进""慢游"的交通旅游新格局。

　　海南是我国唯一的热带省份,拥有阳光、海水、沙滩、森林、温泉、田园等丰富的自然景观,以及空气清新、气候温润、植被丰富的独特的风情;海口国家地质公园、文昌航天科技城、琼海博鳌国际会展文化产业园、三亚亚龙湾国家旅游度假区、儋州东坡文化园等一批享誉国内外的旅游景区遍布全省,发展旅游业具有得天独厚的优势;海南独特的地理位置和生态优势使其成为休闲自驾游、健康养生游及体育赛事等新兴旅游业态的热点地区,游客对交通的需求已经由"快速通达"逐步转变为"外部快速通达+内部慢行享受"。

　　2009年12月,《国务院关于推进海南国际旅游岛建设发展的若干意见》(国发〔2009〕44号)印发,标志着海南国际旅游岛开发和建设上升为国家战略,为我国加快发展旅游产业提供了重要的样板工程,海南旅游产业的发展迎来了新的历史机遇。2016年2月,国家旅游局在全国旅游工作会议上提出全域旅游发展战略，海南省成为全国首个也是唯一的全域旅游示范省份。

《交通运输部关于海南省开展环岛旅游公路创新发展等交通强国建设试点工作的意见》（交规划函〔2021〕226号）要求，建设沿海环岛旅游公路，创新交旅融合实施方式，依法合规创新投融资模式，布设富含海洋文化的"亲海体验"沿线设施，提升公路智慧化水平，建设具有地方人文特色的旅游指示系统。处理好保护和建设发展的关系，打造"生态路、景观路、旅游路、智慧路、幸福路"。

海南环岛旅游公路主线全长988km，其中新建改建段453km，利用段535km，连接线、支线、鱼骨线等新建改建90km，贯穿海口、文昌、琼海等沿海12个市县，沿途经过约9类84段景观区域。公路还配套建设观景台45处、停车区25处、路侧停车带66处、新能源补给站14处、养护工区8处，以及"莺歌踏浪""儋耳追光""火山海岸"等公路驿站。项目立足于海南省国际旅游岛的发展定位，紧扣海岛休闲度假、康体疗养观光、浪漫爱情体验、激情运动娱乐四大主题，构建以公路为先导、以环岛人文景观资源为依托、以互联网技术为支撑，集"吃住行游购娱"为一体的环岛旅游产品，以丰富旅游体验，不断满足新型旅游业态的需求。

2019年3月海南环岛旅游公路工程可行性研究报告获得批复，预示着其建设正式提上日程。2023年12月18日，旅游公路全线通车，将海南岛沿海的风景名胜串成一条璀璨的珍珠项链，闪耀在世界的东方。

海南省是我国旅游公路规划设计与建设的发源地之一。以海南旅游公路的规划为基础，相继编写了《海南国际旅游岛旅游公路建设研究》《海南旅游公路设计指南》等相关书籍和指导性文件。本书编写团队在吸收前人经验的基础上，以海南环岛旅游公路规划、设计、建设过程的成功经验为依托，编撰此书。

本书共分9章，首先介绍了旅游公路的内涵和设计思路，以及旅游公路设计基础知识，阐释了其概念来源与定位；其次，结合海南环岛旅游公路建设背景和意义，并以海南环岛旅游公路的规划设计过程为基础，对廊道分析、选线设计、设计关键指标、服务设施设计、廊道景观控制及设计等进行了详细的介绍；最后以海南环岛旅游公路万宁段为依托，系统阐述了设计实践过程。

十年磨一剑，今朝试锋芒！编写组全程参与了海南环岛旅游公路的规划建设过程,现将此书奉献给广大读者,希望为海南省国际旅游岛建设尽一份微薄之力,并为其他地区的旅游公路建设提供借鉴和参考!

作　者
2024 年 7 月

CONTENTS
目录

1 旅游公路内涵与设计思路 ·· 1
   1.1 旅游公路的内涵 ·· 1
   1.2 国内外建设现状 ·· 3
   1.3 旅游公路的设计思路 ·· 7

2 旅游公路设计基础知识 ·· 9
   2.1 相关理论基础 ·· 9
   2.2 旅游公路资源评价 ·· 12
   2.3 旅游公路分级 ·· 14
   2.4 旅游公路设计内容 ·· 15

3 国家海岸1号旅游公路建设背景和意义 ·· 20
   3.1 建设背景和意义 ·· 20
   3.2 建设基本情况 ·· 23

4 国家海岸1号旅游公路廊道分析 ·· 26
   4.1 行政区划分析 ·· 26
   4.2 自然资源分析 ·· 26
   4.3 人文资源分析 ·· 30
   4.4 旅游产业现状 ·· 34
   4.5 廊道综合规划 ·· 37
   4.6 旅游资源评价 ·· 38
   4.7 旅游公路评级 ·· 49

5 国家海岸1号旅游公路选线设计 ·········· 50

- 5.1 选线原则 ·········· 50
- 5.2 主线选线方案 ·········· 52

6 国家海岸1号旅游公路设计关键指标 ·········· 86

- 6.1 旅游公路控制要素 ·········· 87
- 6.2 平面设计指标 ·········· 89
- 6.3 纵面设计指标 ·········· 91
- 6.4 横断面设计指标 ·········· 93
- 6.5 旅游公路路面及铺装类型 ·········· 96
- 6.6 交通安全设施设计 ·········· 97

7 国家海岸1号旅游公路服务设施设计 ·········· 101

- 7.1 服务设施分类 ·········· 101
- 7.2 服务设施构成要素 ·········· 102
- 7.3 服务设施设置 ·········· 103

8 国家海岸1号旅游公路廊道景观控制及设计 ·········· 120

- 8.1 控制范围与原则 ·········· 120
- 8.2 沿线风貌塑造 ·········· 121
- 8.3 沿线景观设计 ·········· 130

9 国家海岸1号旅游公路工程实践 ·········· 137

- 9.1 旅游公路资源调查分析 ·········· 137
- 9.2 旅游公路设计定位 ·········· 138
- 9.3 旅游公路资源评价及分级 ·········· 140
- 9.4 旅游公路选线设计 ·········· 142
- 9.5 旅游公路设计指标选择 ·········· 146
- 9.6 主体设计及指标选择结果分析 ·········· 147
- 9.7 关键方案 ·········· 148

附录

附录 A　悬崖路段 ··· 150
附录 B　湿地路段 ··· 151
附录 C　风车路段 ··· 153
附录 D　椰林和防风林路段 ·· 154
附录 E　河口路段 ··· 155
附录 F　田园路段 ··· 156
附录 G　城镇及旅游区路段 ·· 157
附录 H　驿站 ··· 158
附录 I　观景台 ·· 160
附录 J　停车区 ·· 160

参考文献 ··· 162

1 旅游公路内涵与设计思路

1.1 旅游公路的内涵

1.1.1 旅游公路的定义

早期国内旅游公路专指旅游景区内的公路,21世纪第一个十年,我国旅游业快速发展,修建了大量从城市或干线公路通往旅游景区的公路,被称之为旅游公路。因此,旅游公路的概念由旅游景区内的专用公路拓展为通往或连接旅游景区的公路。这个时期的旅游公路更多是关注对旅游景点道路交通问题的解决,较少关注道路本身景观与文化之间的联系。近些年,随着我国经济水平的提高,人们旅游方式的转变,传统的景点式旅游已经不能满足人们多样化旅游的需求,自驾游的兴起使人们希望在公路上行驶的过程就是旅游的过程,旅游公路某种程度上已经成为一种特殊的"旅游产品"。同时,受到国外绿道与风景道等建设理念的影响,国内旅游公路建设逐渐形成了对公路旅游体验价值和旅游服务功能的双重要求。

从其构成来讲,旅游公路是由公路主体、慢行系统、服务设施、景观文化、信息解说系统等有机结合的系统。该系统以公路为骨架,将周边可实现交通旅游功能、满足交通旅游需求的空间均纳入系统内部,故旅游公路系统附着于没有清晰界限的廊道之上。形象上呈树状结构,即包含主线、支线及合理分布其间的服务设施节点。

从其功能来讲,旅游公路是提供服务设施、促进产业开发、打造旅游精品、具备宣传效应的公路旅游产品。一个完善的旅游公路系统应在对使用者需求进行深入分析研究的基础上,为可能存在的公共交通、自驾、骑行、徒步等旅游方式创造有利条件,满足旅游体验过程中的生理、安全等初级需求及贴近情感、尊重、自我实现等高级需求。

综上所述，**旅游公路是以公路为载体，以旅游资源为纽带，用于满足观光、休憩、度假等旅游需求及衍生需求的交通设施综合体。**

1.1.2　旅游公路的分类

综合国内的分类方法，旅游公路主要包括以下几种分类方法。

1）按公路功能分类

分为干线旅游公路和支线旅游公路，这种分类方法经常用于旅游公路网规划及景区交通专项规划。

2）按旅游资源类型分类

分为自然旅游资源公路、人文旅游资源公路及二者兼有的复合型旅游公路。其中自然旅游资源公路一般可以分为山岳型、滨海型、滨河型、环湖型、沙漠型、森林型、草原型、特殊地貌型等；人文旅游资源公路可分为红色旅游型（特指革命圣地、纪念地），历史遗迹型（如长城）等。该种分类方法有利于研究旅游公路与旅游资源的相互关系，更加直观突出。

3）按地域范围分类

分为农村旅游公路、县市级旅游公路、省级旅游公路、国家级旅游公路。该分类方法较为直观，只是从旅游公路的规模来加以区分，这种分类可以为旅游公路的二次开发提供依据，规模大的开发潜力相应较高。

国内一般采用按旅游资源类型的分类方法，简单直接，也能较好地体现旅游公路中"旅游"二字的含义。

1.1.3　旅游公路的内涵

1）旅游公路的属性

（1）交通属性。旅游公路承担着将旅行者以及旅游资源从城市运输到城市、景区、景点，实现空间上转换的任务，所以交通属性是旅游公路最基础的属性，其应能够满足公共交通、自驾、骑行以及徒步等多种交通方式通达性的需求。

（2）游览属性。旅游公路往往处于风景、风情特色浓郁的地区，在满足交通属性的前提下，应尽可能满足旅游者沿途的审美需求，使旅游的愉悦性从景点（区）内延伸到旅途中，所以游览属性是其区别于普通公路的本质属性。

（3）游憩属性。旅游公路及其廊道所连接形成的往往是一个带状景区，为了满足各类旅客的需求，使其在枯燥、长时间的旅行途中得到人性化的服务，应设置观景台、停车区、服务区等设施,为旅客提供休闲游憩服务,此为旅游公路的游憩属性。

(4)文化属性。文化属性是旅游公路的根本属性。文化是旅游的灵魂,旅游是文化的载体。在公路建设中,应抓住区域历史人文特点,通过工程建设予以可视化的保护和展示,使公路成为地域文化新的组成部分,让游客在旅行的全过程中感受和体验旅游公路的文化魅力。

(5)受季节影响属性。受季节影响属性是旅游资源发展过程中无法回避的问题。自然资源旅游主要体现在气温上,人文旅游主要体现在节日上,二者导致了各地区旅游存在淡、旺季的规律,一定程度上决定了旅游公路的建设规模以及承载极限。

(6)经济属性。旅游公路最重要的是如何将其旅游资源转化为经济效益。将旅游公路及廊道打造成一种特色旅游产品,在沿线形成旅游经济产业带,通过联络和辐射带动整个区域各产业的经济发展。在规划设计过程中应将旅游公路的公益属性和旅游产业的经营属性有机结合,融合沿线旅游、土地等资源,形成一体化发展。

2)旅游公路的作用

(1)资源叠加,体现最大价值。旅游公路能够体现交通价值、景观价值、游憩价值、文化价值与自然价值等多方面的融合,将分散的各个点、面状景区(点)连接成为一个网状景区,使得各景区(点)之间形成叠加效应,使得资源效应最大化,提高各个景区(点)的吸引力,促进了区域旅游经济的发展。

(2)满足多种出行方式,提供人性化服务。贯彻"以人为本"的服务理念,设置标志牌、解说系统、观景台、停车区、驿站等服务设施,满足自驾、骑行或是徒步等不同人群的出行需要,给旅客提供最舒适、愉悦的旅游体验。

(3)带动需求,促进经济发展。旅游公路的建设,不仅为了旅客提供服务,还使沿线区域的物流、信息流、人员流动更加频繁,有利于相关产业更灵活、多样的开展经济活动,有效促进区域经济结构调整与产业结构优化。这也是建设旅游公路的最重要的目标。

(4)宣传文化,凸显地域特色。旅游公路是一种特殊的旅游产品,可以作为向旅客宣传当地文化一张"名片"。旅游公路沿途往往会穿越不同的历史、民俗文化区域,其间穿插有让旅客解读文化、传递信息、交流情感的场所,可以为旅游公路增添一份神秘感,增强旅客对区域文化的认同感,提高地方的知名度和美誉度。

1.2 国内外建设现状

国外旅游公路经历了一个较长的发展过程,最具代表性的是美国,其旅游公路建设最早,体系最完善,从1930年蓝岭风景道通车至今,美国已建成150多条、近40000km的旅游公路(国家风景道)。此外,美国通过一套筛选、宣传和资助管理机制,将部分风景优美、历史文化丰富的公路上升为旅游公路,促进了国家旅游和文化的发展,比较有代表性的是美国的1号公路、66号公路等。

我国旅游公路起步较晚,从2000年黑龙江伊春小兴安岭风景道开始,探索建设旅游公路。此后,在吉林、黑龙江、江西、内蒙古、新疆、云南、四川、广东、西藏、河北、江苏等多个省、自治区均开展以公路景观、环保、水土保持为专项的设计、咨询和研究等项目。2016年,我国第一条真正意义上的旅游公路——遵义赤水河旅游公路建成通车,该旅游公路建设有独立的慢行绿道,沿线设有功能完备的旅游服务设施。2023年12月18日,海南环岛旅游公路建成通车,它是全国乃至全球第一条系统性规划建设的环岛旅游公路,是体现海南地理特征和自然文化特色的风景旅游通道。

1.2.1　国外案例

1) 美国1号公路

1号公路北起旧金山红树林国家森林公园南段的莱格特,南至洛杉矶的达纳岬,沿着美国西海岸蜿蜒前进,全长约1056km,沿途风景美不胜收,类型多样,有着"泛美著名生态风景大道、美国最美画像、人生一定要到的50个地方之一"等诸多称号,如图1-1所示。

图1-1　美国1号公路

2) 澳大利亚大洋路

大洋路位于澳大利亚墨尔本西部,沿着蜿蜒曲折的海岸线,具有波澜壮阔的自然景观,被欧洲旅游协会评为世上最漂亮的十大旅游公路的首位,是世界最热门的"路道型"旅游综合体之一。

3) 法国蔚蓝海岸滨海路

蔚蓝海岸是法国最有名的海岸,最大的特点就是丰富悠远的历史文化,众多的历史遗迹收获了无数游客赞美。沿路附近分布有文化迥异、文脉丰富的众多特色小镇,让人流连忘返。

4)夏威夷瓦胡岛环岛路

瓦胡岛环岛路环绕整个瓦胡岛,串联全岛各类景点景区、度假设施,是国际滨海旅游路开发的典范,其周边各类娱乐设施丰富、旅游度假氛围浓厚。

1.2.2 国内案例

1)台湾花东海岸公路

台湾花东滨海公路北起花莲市,南到台东市,全长约175km。道路宽广,视野开阔,一边是辽阔无际湛蓝的太平洋,一边是起伏绵延壮丽的海岸山脉;公路的停憩点极多,由北而南有:花莲海滨公园、盐寮和南寺、牛山、矶崎海水浴场、石梯坪、丰滨北回归线、丰滨月洞等。

2)吉林省环长白山旅游公路

环长白山旅游公路路线起点位于吉林省长白山保护开发区池北区,终点位于302省道抚松县漫江镇北,连接长白山北、西、南坡,全长85.84km。主要利用原有林道进行改扩建,原林道宽4m,改扩建后宽度为10m。设计速度60km/h,二级公路标准。

3)贵州省遵义赤水河谷旅游公路

赤水河谷旅游公路设计主题为"醉红之路",起于贵州省仁怀市茅台镇,途经习水县土城镇,止于赤水市区,包含160km用红色沥青铺成的山地自行车道和154km黑色沥青铺成的汽车道,设计时速40km/h,路基宽度8.5m,全线共设置12个驿站、26个露营地、23个观景台和休憩点。

4)江苏省溧阳1号公路

溧阳1号公路全长300km,依托溧阳本土的山水特色,以"三山两湖"为中心,将溧阳全域内各景区、度假区、200余家农家乐、采摘园等各类乡村旅游景点串起来。同时把大数据、大旅游、大交通统筹结合起来,通过"溧阳行""溧阳交通""美音溧阳"等手机App服务平台,做到精确匹配和调控,为旅客匹配更多经典旅游线路。

1.2.3 经验与启示

1)顶层设计阶段

通过对国内外成功案例的深入研究,并结合新时代发展趋势,归纳出旅游公路建设的四大要素:

(1)丰富多彩的游赏体验。沿途应分布特色鲜明、风格多样的景区景点,创造优美多变的沿途景观场景,让游客获得丰富多彩的各类游赏体验。

(2)时尚高端的业态体系。应配套丰富多样、时尚高端的服务业态,使其从单一的交通职能拓展为丰富多样的旅游消费职能。

(3)国际领先的科技应用。充分融合国际领先的科技形式,如自动驾驶、智慧公路、智能路标、科技驿站等形式,让游客体验科技进步和现代文明。

(4)体现创新的设计理念。以创新为引领,展现世界最新设计思想和先进设计手法,使规划设计作品成为世界经典。

2)规划设计与建设阶段

(1)贴近自然,突出生态体验。世界著名的滨海旅游公路自然环境优良,典型岸段有沙滩、石滩、悬崖、树林、草地等自然亲水空间,能够给游客以最佳体验。

(2)结合地形,创造经典工程。世界著名的滨海旅游路在修建过程中,结合地形地貌创造了很多经典的工程设计范例。如百年鬼斧神工之作——比克斯比大桥,如图1-2所示,绝壁桥梁——菲佛峡谷大桥,如图1-3所示。

图1-2　比克斯比大桥

图1-3　菲佛峡谷大桥

(3)串联村镇,传承历史文脉。世界著名的滨海旅游公路大都串联了该国家或地区海岸众多的历史村落和特色小镇,使公路成为一条承载丰富人文内涵、厚重历史沉淀的文化之路,如图1-4、图1-5所示。

图1-4　蒙特雷湾水族馆

图1-5　丹麦村

1.3 旅游公路的设计思路

1.3.1 旅游公路的指导思想

1)以人为本先行

旅游公路规划设计中,应以人为主体,不仅要考虑驾驶人的行为、心理及生理需求,还要满足骑行、徒步等人群的需要,因此根据区域特征、自然资源分布情况可以适当建设观景台、服务区以及娱乐设施等,让人们在漫长的旅行中身心舒缓,享受到人性化的服务,同时在设计过程中不应片面地追求速度和效益,保证人的安全和满足人的需求才是设计的重点,这也是旅游公路整个寿命周期中永恒不变的主题。

2)地域特色突出

国内旅游公路大都跨越范围较广,经常处于不同民俗文化聚集区域。旅游公路作为载体,应充分吸收、借鉴和传承沿途区域文化,利用不同文化之间的特色与差异,设计出个性鲜明、内涵丰富的道路景观,向旅客展现不同文化的特殊性与其所独有的魅力,增强人们对于区域文化的认同感。

3)景观优美、相互协调

旅游公路的直接目的是给旅客带来美的感受。为了达到最好的效果,不仅需要最大限度地利用廊道周围原有的自然景观,还需要创造性地对人工景观进行设计及改造。在道路设计时需要注意道路线形与自然地形的协调,坚持人与自然和谐相处的生态理念;人工景观需做到视觉上连续、平滑、自然且通透视觉效果好;对于一些分布较散的景观,应留给旅客轮廓清晰、醒目、高低有致、色彩协调、风格统一的印象,使自然景观与人工景观互相融合;徒步者或骑行者作为旅游公路上较为特殊的存在,这部分人群对于景观的要求相对较高,因此在造型、色彩等细节上需要仔细推敲、详细规划与设计。

4)经济效益最大化

旅游公路以自身的观赏性、服务性及宽容性为人们提供了休闲、娱乐、观光、度假的最佳场所,其所带来的人流、物流、资金流不断地促进公路沿线区域的经济发展,在此过程中要运用各种经济手段来寻求效益最大化,最大限度地拉动当地经济发展。另外在建设过程中对于资金的合理利用也是实现经济效益最大化的一个途径,因此在保证道路质量和景观效果的前提下,综合考虑设计方案,合理控制造价。

1.3.2 旅游公路的设计原则

1）灵活性原则

旅游公路是体现灵活性设计理念的最佳载体，其区别于普通公路之处在于需要更多地考虑与周围环境相协调，保证最基础的交通功能前提下，最大限度地展现旅游资源的价值。因此在设计中参考现有公路规范、标准的基础上可以适当灵活设计，在区域特征明显的地区可以结合自身特点制定区域性的旅游公路设计标准。灵活性设计理念强调在考虑道路的安全及出行需要的同时，还需要全面考虑景观、历史、自然及美学和其他文化资源，这也是多学科理论交流融合的好机会。

2）安全性原则

建设旅游公路的目的是为出行者提供人性化的服务与舒适、美观的感受，但是其作为交通运输通道，行驶安全性要放在首位。旅游公路大多建设在地形地貌较为复杂的地区，这会对车辆行驶的安全性有很大影响，在设计过程中，可以通过灵活的平纵线形设计和交通安全设施设置，确保旅游公路的行驶安全性；通过对路两侧景观的设计和美化，在不影响驾驶员视线范围的情况下最大程度减轻视觉疲劳，保证行驶过程中的安全性。

3）生态保护原则

旅游公路在设计、建设、运营各阶段应将生态保护理念贯穿其中，处理好旅游公路景观与生态环境的关系，使得公路与环境相融合、公路景观与自然景观相协调，将对环境的破坏降低到最小，实现可持续发展。

4）整体性原则

旅游公路往往具有里程长、跨越范围广、生态资源多、文化民俗构成复杂的特点，因此在规划设计过程中，需将道路路面宽度、纵坡、平竖曲线、中央分隔带、构造物、服务设施、绿化情况等与沿线地形地貌、生态景观等作为有机的整体统一考虑，使公路能够与自然系统相适应；同时需要统筹考虑道路主体与沿线服务设施、区域文化等的衔接和融合。

5）经济性原则

旅游公路本身处于旅游资源丰富的地域，具备良好的开发条件和带动产业发展的能力。通过对旅游公路的规划设计，可以更加全面地从区域经济发展与区域规划的角度来研究如何利用好旅游公路建成后带来的人流、物流、资金流等优势，带动区域经济快速发展。同时也可以打造地方品牌，凸显地方特色，以优良、独特的地方形象促进旅游产业发展，使二者达到共赢的局面。

2 旅游公路设计基础知识

　　旅游公路是由公路工程、服务设施(包含信息解说系统)、道路景观及慢行系统等有机结合的系统工程,以公路工程为基础,强调环境保护,与路线周围环境的协调,以及与道路景观的融合,以提供舒适、安全的旅行体验为目标,其基础知识涉及公路设计理论、绿色公路理论、绿色基础设施理论、风景区规划理论、动视觉与交通心理学理论等,这些理论构成了一个整体,相辅相成。

2.1　相关理论基础

2.1.1　公路设计理论

　　公路设计是指对新建或改建的公路进行规划布局、工程方案比选、设计、工程量估算、资金预算等一系列工作的过程,主要包括线形、路基、路面、桥梁、隧道、交叉口、排水、交通工程、绿化、照明等多个方面,旨在确保公路的安全、舒适、节能、环保、经济、合理等特性,以满足社会经济发展的需求。

　　(1)在公路设计中,需要考虑道路的使用情况,包括车流量、车速、车型等因素;

　　(2)在道路几何设计中,需要考虑车辆的横向和纵向运动规律,以及车辆在道路上的行驶安全;

　　(3)在道路材料设计中,需要考虑道路的承载能力、耐久性、防滑性等方面的要求;

　　(4)在桥梁设计中,需要考虑桥梁的安全、材料、施工、景观等因素;

(5)在隧道设计过程中,需要考虑隧道的地质、断面、排水、通风、照明等因素;

(6)在道路交通标志标线设计中,需要考虑道路的交通流量、流速、交通组织等因素,以及驾驶员的视觉感知能力等因素;

(7)在道路排水设计中,需要考虑道路的排水性能,以及道路的防水能力等方面的要求;

(8)在道路照明设计中,需要考虑道路的照明亮度、照明范围、照明时间等因素,以及夜间驾驶员的视觉感知能力等因素;

(9)在道路绿化设计中,需要考虑道路的美观性、环保性、生态性等方面的要求,以及对车辆行驶的影响等因素。

旅游公路是以旅游交通功能为主的公路,叠加了服务设施(包含信息解说系统)、道路景观以及慢行系统等,但公路是其主体,公路设计理论也是其核心的理论。

2.1.2 绿色公路理论

绿色公路是公路设计理论的延伸与补充,其以资源环境承载力为基础,以节约能源、保护环境、舒适美观为目标,把绿色思维贯穿于公路交通运输发展的全过程、全方位,以低消耗、低排放、低污染、高效能、高效率、高效益为特征的公路交通。其基本内涵包含能源节约、资源节约、环境友好、景观优美四大部分。节约能源,即"低碳",以技术可行、经济合理为前提,将新材料、新设备、新工艺的应用和技术与管理创新涵盖于公路建设与运营的全寿命周期,实现能源消耗和碳排放的显著降低;资源节约,即"循环",以环境承载能力为前提,综合运用经济、法律、行政、科技和教育等多种手段,实现水、土地、原材料等资源消耗强度的显著降低,提高资源再生利用与循环利用水平;环境友好,即狭义的"绿色",以尊重自然、保护自然为前提,注重保护生态系统的完整性和敏感目标,注重综合运用各种工程措施、生态恢复措施及管理措施等,避免破坏生态和污染环境,实现最低程度的破坏和最大限度的恢复;景观优美,即"美观",保护、展现优美景观,绕避、遮蔽不良景观。顺应自然,将公路线形、公路构造物、公路视觉景观与周围环境有机融合,并充分挖掘和利用地域人文资源,使传统公路向旅游公路,甚至公路旅游转变。

2.1.3 绿色基础设施理论

绿色基础设施(Green Infrastructure,简称 GI)是建立在生态理论基础上针对灰色基础设施和社会基础设施等关于生态保护和城市及社区建设方面的概念。绿色基础设施可以看成是一个由河流湿地、下凹绿地、雨水花园、森林植被、湖泊水系等众多要素组成的相互联系、有机统一的绿色空间网络。绿色基础设施的空间网络包括三个层级:中心控制区(Hubs)、连接通道(Links)和场地(Sites)。旅游公路正是绿色基础设施系统中的线性廊道,串联区域内的文化资源、历史资源、自然资源等,并具有良好的视域和服务功能。线性廊道构建过程最重要的部分就是根据建设目标梳理主要的要素特征,并且进行资源评价,在评价的基础上选择线路。策划相关元素的过程中,要考虑自然生态系统价值和人类利益两方面的统一,既包括具有生态群落、野生动植物资源丰富、滨水区域、具有生态价值的生产性景观等自然资源,也包括对人类游憩和健康有益的公园、历史文化资源和一些具有经济价值的生产性土地等。通过对这些资源的评价与选择,最终确定连接通道。

2.1.4 风景区规划理论

风景区规划理论是涉及生态学、旅游学、管理学、游憩学等多门学科的综合性规划理论,其中突出以资源保护和发展旅游为根本的发展目标,与海南省的全域旅游发展的目标相契合。旅游公路作为全域旅游发展的重要组成部分,其规划也应参考相关的风景区道路规划设计方法。

风景区资源的评价是风景区规划的基础,其内涵是通过对资源类型、资源规模、组合和功能等方面的评价综合确定风景区的价值与质量水平,为相关的规划和开发提供科学的依据。一般而言,风景区的评价过程中涉及以下几个方面:

(1)区位条件包括自然生态环境、地区经济水平、社会文化背景等方面,是决定风景区的资源类型和发展前景的重要因素。

(2)旅游资源吸引力方面包括观赏价值、历史价值、文化价值、科学价值、奇特的动植物资源等多种形式。观赏价值一般是从形象、色彩、意境、景观组合等形式美法则的角度去评价;历史价值则主要是评价人文景观的历史背景、保存完好性及社会影响力等方面;科学价值是重点考察景区内资源的科学价值、科普价值和教育功能等方面。

(3)游览功能上包括游客服务中心设置的合理性,引导指示标志是否完善以及醒目,游客休息设施布局的合理性与美观性等方面。

(4)旅游安全方面包括消防、防火、防盗及救助等方面;资源管理和保护包括对于景观和各种文物古迹的合理利用与保护。

因此,为了满足风景区内不同内容的连接与功能,按照重要性和功能将道路分级,在对相关旅游资源评价的基础之上,规划选线并设计相关的形式。

2.1.5 动视觉与交通心理学理论

人对于外界信息的获取80%以上是通过视觉获取的。信息获取的效果、特征与移动的速度有关。不同于静止或慢行状态,在车辆行驶的过程中,人的视野和注意力等会随着速度的不同发生变化。

正常人双眼的静态水平视域为120°,能够准确辨认的区域为30°。随着行车速度增加,驾驶员的视点向前方移动,以便观察到足够远的前方路况,引导车辆行驶。随着速度增加,驾驶员注意力集中,头部转动的可能性减少,此时驾驶员视线集中,视点退远,视野变窄,甚至形成所谓的"隧道视觉",见表2-1。

行车速度与注视距离、视野的关系 表2-1

车速(km/h)	40	60	80	100	120	140
注视距离(m)	180	335	377	564	710	963
视野(°)	100	86	60	40	22	16

在驾驶过程中,随着速度的增加,会导致驾驶人员对于景物的辨认时间增加,分辨能力降低。驾驶人员的视觉反应时间一般为0.15~2s,分析画面的时间需要1.5~2s。如果景物在视野内的作用时间小于0.4s,驾驶员就无法发现目标,可能会导致事故的发生。研究表明,若景物能够被充分欣赏,需要停留5s以上。而为防止驾驶过程中的惰性视觉出现,需要每5~10min提供给驾驶人员新的视觉吸引点,降低疲劳感,提高行驶注意力。因此在旅游公路的设计中,无论是景观敏感区、标志等设置都需要以速度为基础,结合具体的景观资源分类设计。

2.2 旅游公路资源评价

旅游公路资源评价是通过对旅游公路沿线区域内旅游资源调查,进行旅游公路线路价值的综合评价。根据旅游公路资源价值结果,综合判定旅游公路分级,为后续设计、建设提供基础依据。

旅游资源调查方法主要是通过收集与规划区旅游资源及其赋存环境有关的资料,包括地方志、旅游区与旅游景点介绍、旅游规划或专题报告、地图、照片、影像资料等,并填写资源调查表。

旅游资源调查内容主要包括以下5点,旅游公路评价指标详见表2-2。

(1)视觉资源:具有视觉观赏性的自然和文化景观元素、独特地物等。

(2)自然资源:地形地貌、气候、水体和野生动物、植物栖息地等。

(3)文化资源:艺术、文化设施,人类活动进程中独特文化特征、特殊文化事件等。

(4)历史资源:当地历史文脉、历史地标、地点、区域。

(5)娱乐资源:休闲娱乐设施,公园、乡村俱乐部、采摘园和高尔夫球场等。

旅游公路资源评价指标 表2-2

评价指标	释义
视觉价值	来自旅游公路廊道上视野中的景观，可以强化视觉感知、提升视觉体验。此类景观是引人注目且独特的，可以提供愉快且难忘的视觉体验，包括地形、水流、植被和人造景观等
自然价值	视觉环境中完全没有受到人为干扰的景观。这些自然风貌处于原始状态，包括地质构造、化石、地形、水体、植被和野生动物等。若有人类活动痕迹，则对自然特征呈现最小限度的干扰
文化价值	当地人风俗传统的证明和表现，其载体包括手工艺、音乐、舞蹈、仪式、节日、演说、特殊事件、本土建筑风格、民族习俗等
历史价值	景观元素具有历史意义并可引导观赏者对历史文化进行了解和欣赏。历史元素反映了人类的活动，可以被详细记录、标注和解释说明，包括建筑物、聚落遗址、传统村落和其他人类活动的历史痕迹等
娱乐价值	主要由户外休闲活动产生，该活动与周边的自然和文化要素相关，并具有季节性特征，包括冲浪、游艇、皮筏艇、划船、钓鱼、徒步等；该路线本身就能给人带来娱乐体验

评价主要采用模拟评估法，根据资源调查表及资源特征照片，从视觉、自然、文化、历史、娱乐5个方面对线路分别进行打分，进而判定线路的旅游价值并进行旅游公路分级。

评价人员一般由使用者、设计团队组成人员、公路及景观等方面的专家组成，每个资源应由3人以上进行评价，所得分值取平均值。

根据旅游公路旅游资源评价标准及分值（表2-3），在资源表中进行打分。

资源点价值总分计算公式：

总分 = 视觉分值 + 自然分值 + 文化分值 + 历史分值 + 娱乐分值

（1）A级资源点：总分大于等于9的资源点；

（2）B级资源点：总分小于9且大于等于7的资源点；

（3）C级资源点：总分小于7的资源点。

旅游公路资源评价标准 表2-3

价值等级	评价标准	分值	举例
视觉一级	较强的整体感和连续性，代表性的主题特质，印象深刻，感受愉悦	5	热带特色明显的滨海海湾
视觉二级	一定的整体性和连续性，代表性的主题特质，留下记忆和可欣赏的感受	3	陵水老猫岭
视觉三级	有一定的整体性，有审美感受	1	连续的海防林
自然一级	罕见的独特性，完整的原始自然状态	5	陵水角
自然二级	少见的独特性，一定完整性的原始状态	3	陵水南湾猴岛
自然三级	一定区域间的独特性，人工干扰小	1	太阳河入海口

续上表

价值等级	评价标准	分值	举例
历史一级	国家级文物保护单位、历史文化名城名村名镇、历史景点;有国家影响的重大历史事件	5	儋州东坡书院
历史二级	省级文物保护单位、历史文化名城名村名镇、历史景点;有区域影响的历史事件	3	渡海作战历史文化园
历史三级	县市级具有历史价值的区域、景点或事件	1	澄迈老城老街
娱乐一级	国内著名的休闲娱乐景点或场所	5	博鳌亚洲论坛会址
娱乐二级	省内有名的休闲娱乐景点或场所	3	海洋公园
娱乐三级	县市区域内休闲娱乐景点或场所	1	兴隆华侨农场
文化一级	全域文化代表性的区域及场所	5	桥山遗址
文化二级	区域文化代表性的区域及场所	3	峨蔓古盐田
文化三级	具有文化价值的区域及场所	1	陵水疍家渔排

2.3 旅游公路分级

旅游公路分级,旨在控制要素选取及指标设计,充分发挥相应级别旅游公路应有的功能。控制要素选取需要同时满足旅游、交通两方面的功能。

1) 满足旅游功能

旅游公路是连接交通干线到旅游景区或景点、景区与景区间的线性通道,在路旁或视域之内拥有视觉的、自然的、文化的、历史的和(或)娱乐价值的自然人文景观。

2) 满足交通功能

旅游公路另一重要功能是输送、转移过往车辆,控制要素的指标选取上必须满足车辆行驶安全、舒适的要求。

根据旅游资源点评价结果,将其旅游价值等级赋予旅游公路线位之上。

综上所述,将旅游公路分为以下两种级别:

(1)A级旅游公路:旅游资源丰富,旅游价值高、环境敏感性高。在5km宽度旅游公路廊道范围内,A级资源点个数与旅游公路长度比值大于等于1个/20km;或B级资源点个数与旅游公路长度比值大于等于3个/20km。A级旅游公路需控制过往车型,建议中型车及以下的车型可在A级旅游公路上通行。

(2)B级旅游公路:旅游资源比较丰富,旅游价值较高、环境敏感性较高。在5km宽度旅游公路廊道范围内,B级资源点个数与旅游公路长度比值小于3个/20km,但具有B级以下的资源点个数之和与旅游公路长度比值大于等于5个/20km。若初定为B级旅游公路的项目通过综合分析,局部改线,使评分结果提升达到要求的,可将等级提升为 A 级旅游公路。旅游公路根据过往的车型,在设计速度及平纵横指标设计上不应拘于传统公路设计思维,要体现灵活性和人性化设计。

2.4 旅游公路设计内容

区别于传统的公路设计,在路网规划中的功能定位,决定着旅游公路的设计理念和设计方向。除了通达性之外,其更加注重驾驶体验和人的感受。其设计内容分为以下三个方面:(1)道路工程设计;(2)服务设施设计;(3)廊道景观设计。这三个部分互相融合、协调,共同构成了整个旅游公路系统。

2.4.1 道路工程设计

道路工程是旅游公路系统的核心主体,是区域乃至全域旅游的名片工程,其主要的服务功能是为沿途旅客提供一条景色优美、舒适宜人的旅游通道,使旅客在欣赏沿途风景的同时,完成地点的转换和进行路途的休憩、补给,因此,旅游公路的技术标准应与旅游公路的功能定位相适应。道路工程设计主要分为道路选线设计、道路构造物设计、道路铺装设计、交通安全设施设计四个部分。

1)道路选线设计

为了能够充分体现旅游公路的旅游价值,在进行线位选择时需以保护自然生态景观为主导思想,根据使用功能、性质、等级、沿线地形、地貌等情况进行道路选线设计,在对政治、技术、经济等深入研究的基础上,选定合理的路线。

目前,国内旅游公路选线设计根据地形情况可以简单地分为平原区选线设计和山区选线设计。平原区选线设计要点和普通公路大体相同,只是旅游公路在跨越旅游资源区域时应该尽量以绕避为主,不去破坏或者少破坏当地的生态环境,并采用较高的技术标准去跨越。山区选线设计过程中应充分考虑山区多山地高原、森林覆盖率高、植物类型多、旅游资源丰富的特点,在连接必要的景观资源点的前提下,以节约土地资源、保护环境为主,同时因地制宜地进行景观设计,以满足山区旅游公路使用者的视觉感受。

2)道路构造物设计

道路构造物包括涵洞、天桥、桥梁工程、隧道及通道、挡土墙、边坡防护等,作为公路系统的一部分,应综合研究其对周围环境的影响。

桥梁、隧道工程具有工程量大、标志特性明显的特点,在保证道路安全的前提下,应注重视觉效果的营造。可以适当加入地域文化元素等凸显地方特色,增加旅游公路的观赏性。

天桥和通道的功用是方便两侧车辆、行人及动物等的往来,设计过程中要注意方案、色彩等与道路两侧的自然环境协调融合,展现当地文化;对于生态环境敏感性强的区域,应及时做好防护措施;边坡在满足稳定性的前提下,尽量保持原有的生态环境;防护尽量采用自然防护或浆砌片石方案,或者选择格构栅防护+种植草皮的方案,力求做到与周围环境相融合。

3)道路铺装设计

旅游公路同时具有交通、旅游两方面的功能,铺装设计在满足行车荷载要求的基础上可以适当选择与周围环境相协调的路面色彩等元素。路面结构的设计和铺装类型的选择需要考虑道路的等级、性质以及所处的地域气候特征:南方多雨地区可以采用排水路面或者透水性能好的路面结构,北方严寒地区需要路面材料具有良好的耐久性、低温稳定性及一定的抗滑性。

慢行通道所承受的荷载较小,只需要考虑防滑及与环境融合的问题,其铺装类型应根据旅游公路自身的地位、功能以及作用来选择,体现多样性和人性化设计,可以多加入与周围环境的协调的色彩、图案等元素,不但可以加强旅游公路的装饰性,又能起到良好的视觉诱导作用,使原本生硬的旅游公路路面变得生动而富有情趣。

4)交通安全设施设计

旅游公路由于本身具备交通和旅游双重功能,因此位于旅游公路上的交通安全设施种类繁多,例如交通标志、路面标线、护栏、视线诱导标、隔离栅、照明设备、防眩设施、防撞桶、轮廓标等。

交通标志、路面标线、护栏、视线诱导标作为公路上的常规交通安全设施,在旅游公路上有不同的设计要点。

标志标牌要美观清晰,色彩、样式与环境相协调,内容需能够明确指出附近景区(点)的方向以及与景区(点)的具体距离。

路面标线在要保证昼夜的视线诱导良好,车道分界清晰,线形清楚,轮廓分明,注意与周围自然环境的融合,因地制宜,灵活设计,避免对路域景观造成不良影响。

护栏应与环境协调一致,视觉通透,使旅客感到舒适放松,因此缆索式护栏使用较多。

照明设备除了照明的作用,还能营造出别致的景观,同时注意光源亮度和设置角度的控制。

隔离栅、防眩设施、防撞桶等交通安全设施注意与周围环境的协调性。

2.4.2 服务设施设计

服务设施是指为保护、养护公路和保障公路安全畅通所设置的养护、管理、服务、渡运、监控、通信、收费等设施、设备及专用建筑物、构筑物等。而旅游公路除了常规公路及通常景点或景区的交通、餐饮、住宿、娱乐、购物等方面设施外,更加强化给旅客舒适的服务及休闲游憩的功能。

服务设施是提升旅游公路服务品质的重要体现,由于旅游公路的特殊性,其服务设施大致分为以下几个:驿站、观景台、停车区、售卖休闲点、露营区、解说系统等。

1）驿站

古代驿站是供传递官府文书和军事情报的人或往来官员中途短暂休息、换马的场所,现代驿站被赋予了更多重要的功能。旅游公路驿站要综合考虑全线的需求而合理布设,尽量做到全线景观区域均匀覆盖和降低对生态环境影响。

在住房和城乡建设部所印发的《绿道规划设计导则》中将驿站分为了三个等级,见表2-4：一级驿站是管理和服务中心,承担管理、综合服务、交通换乘功能；二级驿站是服务次中心,承担售卖、租赁、休憩和交通换乘功能；三级驿站作为旅客休息场所。

旅游公路驿站等级分析表 表2-4

等级	特征	具备要素
一级驿站	各类公共设施完善,接待旅客数量大,具备综合服务的能力,能够举办大型活动	提供全面的旅游引导信息,智慧服务系统；餐饮住宿；购物中心；休闲游憩场所；卫生间；停车设施；车辆维修；安全保障设施
二级驿站	公共设施较为完善,能够提供必要的服务功能,可以举办一些小型活动	网络全覆盖；提供餐饮、超市；卫生间；休闲设施；停车场；安全防护设施；无障碍设施
三级驿站	提供旅客简单的服务功能	休闲游憩场所；卫生间；停车区域；无障碍设施

旅游公路驿站一般用地规模受限,除配套必备的基础型旅游产品、满足旅游基本公共服务以外,应将品牌型旅游产品作为主导发展方向,通过整合周边资源,重点做特、做优、做精文体旅游、会展旅游、购物旅游和专项旅游等品牌型旅游产品,使其成为路道型旅游综合体中最闪光、最能使人兴奋的品牌型产品集聚点。

2）观景台

观景台作为旅游公路的特征之一,具有观景、休憩、停车等功能。布设需要满足以下条件:周边景色优美、自然资源丰富；有良好开阔的视野；地形平缓、地质良好。通常会根据旅游公路的路线长度、路域范围内景点(区)的分布情况以及路段的交通量的综合考量布设位置。

3）停车区

旅游公路停车区为旅客提供短时停车、休憩及获取信息等服务,当视觉范围有美学观赏价值或科学价值的景观时,可以与观景台合并设置。

4) 售卖休闲点

售卖休闲点的设置旨在为旅客提供补给和休息，一般都会设置卫生间。在规划设计售卖休闲点的时候会考虑旅客的分布密度以及点与点之间的间距等因素。原则设置在突出易发现的位置，并与周围环境相协调，尽量采用具备自净、循环利用功能的生态厕所。可根据观景台、停车区的布置情况合并设置。

5) 露营区

露营区的选址往往在自然风景优美、环境舒适的区域，地形较为平坦、开阔，且易于排水的地点；地址周边通常有能够提供一定的基础服务设施（驿站、观景台、休闲点等），能够满足旅客的相关需求。

6) 解说系统

旅游公路解说系统是服务设施的一部分，是旅游公路设计的重要组成部分，主要目的是向游客提供信息、路线、方位、名称等内容，为出行人员展现公路廊道的自然和历史文化资源特性的媒介系统。根据旅游公路的规划定位、相关设计要求、道路等级、道路断面形式等因素，决定解说系统的形式、色彩、风格和配置等相关条件。

解说系统涵盖指示标志和警示标志、解说标志三类，设计标准以其需要发挥的作用而定，可以适当添加当地民俗文化的元素，凸显当地特色。

2.4.3 廊道景观设计

旅游公路廊道景观设计包含公路自身景观、廊道自然景观和廊道人文景观组三部分。

（1）公路自身景观包括公路线形、边沟（坡）、挡墙、护栏、桥梁、隧道、交通标志、两侧绿化、服务区建筑等要素。在进行旅游公路自身景观规划设计时，应从整个路域景观工程出发，做到安全性、舒适性、适应性、方便性的统一。道路中央两侧绿化景观除了满足景观上的美学要求，在植物物种选择上，尽量栽植本土植物，适当引进外来物种，通过科学配置、合理布局发挥其生态防护、美化装饰、视线诱导的作用，同时植物本身的抗热、抗寒、方便养护也是考虑的重要因素。

（2）旅游公路廊道自然景观包括所处区域的地形地貌、气候水文、动植物等要素。地形地貌是限制道路选线设计的主要因素，也是组成自然景观的重要部分。在旅游公路景观设计时，应该始终坚持自然美观的生态环保理念，注重旅游公路自身景观与自然景观的协调融合。选线设计时应尽量避免对原有的地形地貌的改变和破坏，更多的是借助山岭、河流、森林、湿地、海洋等为来往旅客营造壮观宏伟的景观，融入云、雾、雨、雪、日出、日落、朝霞等多种天象，营造出神奇变换的空间意境和多种多样的道路景观。另外当旅游公路穿越特殊景观地带时，应尽量保持观赏视线的通透。

（3）旅游公路廊道人文景观反映了人与自然之间的相互作用,包括沿线的城镇景观、社区及乡村景观、历史文化古迹、宗教信仰等。人文景观作为道路景观的一部分,与自然景观的不同之处在于它的动态性和未知性。人文景观的设计不必拘泥于单一的形式或是规则,应与自然景观互相融合,凸显旅游公路的文化内涵,为道路景观增添亮点,激发旅客的游览兴趣。

在旅游公路廊道景观规划设计过程中应始终坚持安全舒适、自然环保、美观协调的原则和理念,不断丰富旅游公路的景观内涵,提升公路的旅游价值。景观规划设计理念需贯穿于旅游公路建设的始终,在规划设计之初对区域的自然条件和当地风俗进行详细调查、分析,采取相应措施保护自然生态环境,并且创造出个性鲜明、自然和谐、美观舒适的路域景观效果。

3 国家海岸1号旅游公路建设背景和意义

3.1 建设背景和意义

3.1.1 建设背景

近十年来我国经济实现了跨越式增长,截至2022年底,国内生产总值(GDP)已突破120万亿,发展水平显著提高,居民可支配收入持续增加。在满足基本生活需求后,人们寻求更高层次精神满足的需求必然相应增长,旅游消费就是其中之一。2019年国内游客规模达到60.6亿人次,旅游年收入达到5.73万亿元,如图3-1所示,旅游业已经成为我国的战略性产业。

海南省具备阳光明媚、海水蔚蓝、沙滩广阔、植被丰富、空气清新等度假旅游要素,被世界旅游组织前秘书长弗朗西斯科·弗朗加利誉为拥有中国最宝贵热带旅游资源的旅游天堂。独特的地理位置和生态优势使其成为休闲自驾、健康养生及体育赛事等新兴旅游业态的热点,如图3-2所示。

经过"十三五"期间的发展,海南省环岛高速、环岛高铁、中线高速已全面贯通运营。海口美兰国际机场、三亚凤凰国际机场正在加紧扩建,"田"字形高速公路网万宁至洋浦高速,文昌至博鳌高速公路正在全面推进。截至2020年,岛内快捷便利的综合交通体系基本建成。

党的十九大报告指出。当前社会主要矛盾是"人民日益增长的美好生活需要和不平衡不充分的发展之间的矛盾"。随着旅游业的快速发展,消费者不再满足于传统的点对点旅游方式,而更加倾向于选择自驾游等自由、灵活的旅游方式,尤其是对旅游公路和公路旅游这种以"快进""慢游"为特点的新兴方式和产品兴致盎然。

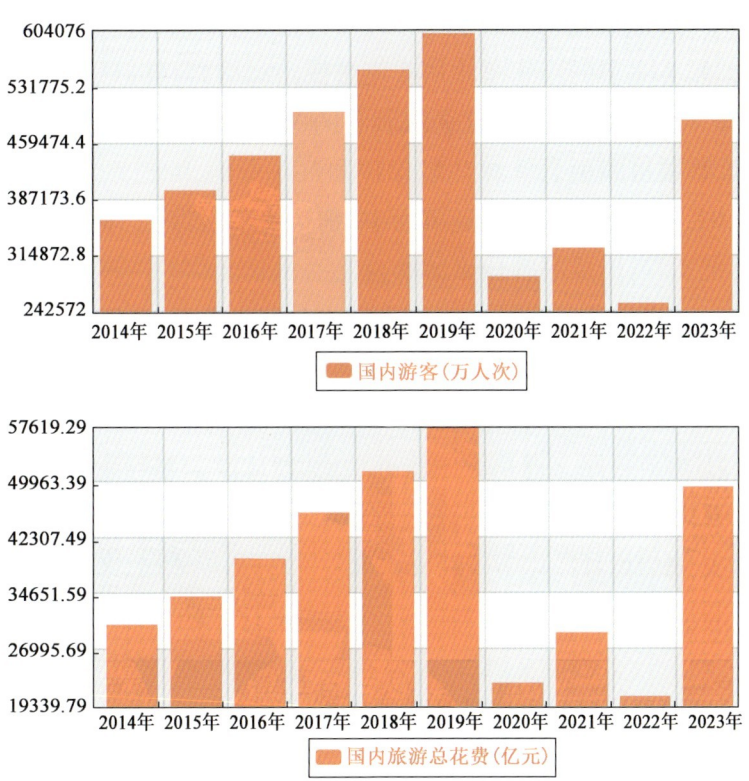

图 3-1 2014—2023 年度国内游客增长及总花费趋势图

图 3-2 美丽的海岸线风光

为适应新的旅游业态需求，改变滨海沿线旅游资源开发低效局面，促进旅游产品升级，海南省先后推进"文昌东郊至龙楼公路""万宁石梅湾至大花角公路"等一批滨海旅游公路的实施建设；谋划了环岛旅游公路体系（海南海口-东方-三亚-琼海-海口），并于 2016 年 12 月列入国家《"十三五"旅游业发展规划》，标志着旅游公路已经从过去学术研究的范畴，上升为得到政府官方正式认可的项目，列入国家发展规划。

《"十三五"旅游业发展规划》提出"要大力发展海洋及滨水旅游,建设一批海岛旅游目的地,加快海南国际旅游岛等旅游开发,大力开发滨海、海岛、养生等休闲度假旅游产品,建设一批公共服务完善的自驾车旅居车旅游线路和旅游目的地;培育以海口、三亚、三沙为核心,南海海洋文化旅游区,建设全球著名的国际海洋度假旅游目的地;以国家等级交通线网为基础,加强沿线生态资源环境保护和汽车营地、绿道系统等规划建设,完善游憩与交通服务设施,实施包括海南环岛风景道(海南海口-东方-三亚-琼海-海口)在内的国家旅游风景道示范工程,形成品牌化旅游廊道"。

在加快海南国际旅游岛和国际自贸岛建设的双重背景下,开展旅游公路建设,就是要借鉴国内外旅游公路的成功经验,在研究海南岛自身特点的基础上,从构建旅游公路体系的角度出发,研究提出满足交旅融合的总体目标、建设理念和功能定位,明确旅游公路的内涵和设计思路,提升旅游公路交通系统的服务功能,使旅游公路与景观更好地融合在一起,在满足游客通达等基本要求的基础上,进一步强化旅游公路的安全性、舒适性、环保性及与周边景观的协调性,将海南环岛旅游公路建设成为生态路、风景路、文化路、智慧路、幸福路。

3.1.2　建设意义

1)提升海南省公路服务品质,满足多重旅游需求

随着旅游市场开发的深入和人们旅游观念的转变,现有的"快餐式""节假日"旅游方式必为"深入式、体验式"旅游所替代;同时,随着我国经济的发展,自驾车游、自行车游、徒步游览等将成为一种潮流。不同的旅游出行方式,对传统公路提出了挑战,要求我们建设满足国内外游客综合需求的公路网络,尤其是旅游公路网络。

2)创新海南省公路建设理念,建设服务型交通运输行业

目前,海南省公路网络存在着基础设施老化、服务设施欠缺、沿线景观单调、生态保护不足等问题,现有路网还不能适应国际旅游岛建设的需要。通过旅游公路的规划建设,可以创新公路建设理念,提升公路建设水平,完善公路服务标准体系,实现"在全国特色交通运输建设方面争得一席之地"的发展目标。目前旅游公路的建设缺乏相关标准和规范,在海南省率先进行旅游公路的规划建设,可以为国家旅游公路体系的建立积累经验、提供范本、奠定基础。

3)串联沿线资源,实现可持续发展

海南省具有得天独厚的热带滨海旅游资源、优良的生态环境和自然海岸线,但基本处于无序、低效开发状态,缺少串联沿海自然历史人文珍珠的旅游公路系统。海南环岛旅游公路的建设是充分展示海南沿海自然风光和人文历史的重要载体,其道路辐射的村镇众多,人口密集,紧密了沿线乡镇与外界的沟通,改善了沿线乡镇的投资环境,促进其国土资源的开发,对周边的旅游业和农业的发展有重要作用,从而也将大大改善沿线居民的生产和生活条件。

3.2 建设基本情况

海南环岛旅游公路主线全长988.2km,贯穿沿海12个市县,有机串联沿途约9类84段景观区域、22个滨海岬角、25座灯塔、68个特色海湾、26个滨海潟湖、16片红树林、40余个驿站、31家A级以上景区、21处旅游度假区、261处滨海名胜古迹。从规划至通车运营历时十余载,汲取了国内外众多成功旅游公路的成功经验,凝聚着一大批行业头部企业及顶级专家、学者的心血,是全国乃至全球第一条系统性规划建设的环岛旅游公路,是体现海南地域地理特征和自然文化特色的风景旅游通道,故称为"国家海岸1号旅游公路"。

3.2.1 总体目标

充分发挥交通的先导和引领作用,挖掘和展现"岛屿"优势,加快推进交通和旅游侧的供给改革,形成"交通+旅游"新业态,打造具有国际服务标准和品牌影响力的海南旅游新名片,改变滨海沿线旅游资源开发低效局面,促进旅游产品升级。紧扣海岛休闲度假、康体疗养观光、浪漫爱情体验、激情运动娱乐四大主题,构建以公路为先导、以环岛人文景观资源为依托、以互联网技术为支撑,集"吃住行游购娱"为一体、具有丰富旅游体验、可以不断满足新型旅游业态的环岛旅游产品。

3.2.2 建设理念

1) 旅游优先理念

环岛旅游公路坚持将吸引人放在首位,强化旅游功能,弱化交通功能。按照国际一流风景旅游道路的要求,通过多种景观设计手法,达到"全域风景化、公路景观化"的整体效果。

2) 生态保护理念

环岛旅游公路秉持"人与自然和谐共生"的科学自然观,"山水林田湖草是生命共同体"的整体系统观,"实行最严格生态环境保护制度"的法治观,坚持将生态环境保护理念贯穿于规划设计、建设、运营全过程。

3) 人与自然和谐相处理念

环岛旅游公路的设计,坚持人与自然和谐相处的基本理念,力图充分展现海南的海、湿地、热带雨林等自然印记,以及疍家文化、黎族、苗族文化等人文印记。

3.2.3 功能定位

根据中共中央、国务院印发的《交通强国建设纲要》主要思想及海南省委提出的"五路"理念,理顺环岛滨海交通体系,打通内部支路,直达最美景区,最终串珠成链。顺应生态文明建设、全域旅游打造和百姓民生福祉的要求,将环岛旅游公路总体功能定位为:

(1)生态路:保护生态环境,体现生态优先,保障物种生境,和谐人与自然。
(2)风景路:塑造公路景观,打造景观公路,串联景区景点,构筑路旅模式。
(3)文化路:传承海南历史,体现海南文化,穿梭海南古今,品味现代未来。
(4)智慧路:建设智慧设施,实施智能管理,提供智能服务,实现智慧出行。
(5)幸福路:打造特色小镇,发展美丽乡村,助推全域旅游,促进百姓幸福。

环岛旅游公路建成后可引流海南三分之一的游客,加快推进"美丽海南百镇千村"建设,有效推动旅游与文化、体育、交通等融合发展,从而打造海南旅游新名片、新高地。

3.2.4 设计思路

1)空间形态

规划布局体现"点、线、链"相结合的珍珠项链式的空间形态,如图3-3所示。

(1)点:以景点景区、特色城镇、美丽乡村、服务驿站等为点,创建滨海旅游重要目的地和旅游消费中心。
(2)线:以环岛旅游公路为串线,形成滨海全域旅游发展全要素有机连接。
(3)链:以环岛旅游公路为平台,创建"路道型"旅游综合体,形成"珍珠项链"式整体空间特色。

图3-3 串联沿海各市县特色自然人文景观

2)空间布局要点

(1)以景选线,以线串景,展现海南自然风光。结合道路设计和景观提升,打造多角度看海、全方位亲海、全身心体验的自然风貌路段。通过依山瞰海、踏绿望海、追风望海、幽林窥海、椰风听涛、倚栏观海、环湿亲海等方式,链接环岛悬崖、红树林、湿地、风车、灯塔、田园、椰林、海防林、沙滩和河流等不同特质的自然风光体系。

(2)塑造历史文化空间廊道,凸显海南多元文化。通过道路沿线景观和风貌控制,展现多元素感受、深层次体验、多样化融入的文化景观。串联环岛分布的南洋骑楼、宋氏故居、木兰灯塔、航天发射场、潭门海味、博鳌论坛、小海渔农、疍家渔排、南海观音、鉴真东渡、崖州古城、盐海银涛、花梨之乡、鱼鳞洲、峻灵王庙、伏波文化、火山盐田、儋州调声、红色海角、福山咖啡、约亭古驿等众多具有典型代表意义的人文景观。

(3)点线链结合,构建业态创新的综合性旅游消费平台。以驿站为核心,链接滨海众多旅游资源,形成数个"旅游+N"的消费中心。以环岛旅游公路为"线",链接一系列沿线旅游驿站、景区景点和旅游度假区、风情小镇、美丽乡村。打造珍珠链式分布的一系列旅游消费中心,使海南滨海区域带成为世界知名的旅游度假胜地,承载未来海南1/3以上的高端旅游人口。

(4)构建"快进""慢游"的环岛绿色旅游交通体系。与现状滨海快速交通体系有机衔接,构建快进慢游、多点串接、分段成环、灵活选择的环岛绿色旅游交通体系。

(5)打造全国首条环岛智慧旅游公路。以搭建"一路、一平台"为总目标,运用先进科技手段,以智慧交通建设手法建设环岛旅游公路,搭建智慧旅游服务平台,实现环岛旅游公路全程"点、线、链"的智慧化建设。

4 国家海岸 1 号旅游公路廊道分析

本章根据海南岛行政区划、自然资源、人文资源特性，综合考虑现有的旅游产业现状确定"国家海岸 1 号旅游公路"（简称旅游公路）总体风貌分段，并对沿线各段的旅游资源进行评价，确定旅游公路的等级。这里应注意，本章及后面章节所述内容基于旅游公路研究规划设计之初的 2017 年数据。

4.1 行政区划分析

从行政区划分类，海岸带可分为 12 段，分别为海口段、文昌段、琼海段、万宁段、陵水段、三亚段、乐东段、东方段、昌江段、儋州段、临高段、澄迈段。

4.2 自然资源分析

4.2.1 海岸线地理类型分析

海南滨海主要岬角有 22 个，包括：木兰头、抱虎角、铜鼓角、大花角、马骝角、陵水角、竹湾角、锦母角、鹿回头角、莺歌嘴、感恩角、鱼鳞角、四更沙角、峻壁角、观音角、兵马角、临高角、道伦角等，选取的景观如图 4-1～图 4-4 所示。

4 国家海岸1号旅游公路廊道分析

图 4-1　木兰头

图 4-2　鱼鳞洲

图 4-3　兵马角

图 4-4　铜鼓岭

海南滨海主要入海口有 22 个，包括：海甸河、新沟河、南渡江、铺前港、文昌河、潭门港、万泉河、龙滚河、港北港、坡头港、陵水河、新村港、黎安港、藤桥东河、三亚河、抱套河、望楼河、莺歌海、通天河、昌化江、珠碧江、洋浦港。入海口均匀分布在海南各处。

海南滨海主要港湾有 68 个，其中亚龙湾、石梅湾、龙沐湾、博鳌湾、棋子湾、月亮湾、海棠湾、清水湾、东寨港湾、花场湾被称为海南十大最美海湾。整体上东部海岸海湾开发程度较高，西部海岸海湾开发相对较少，选取的景观如图 4-5 ~ 图 4-8 所示。

图 4-5　土福湾

图 4-6　棋子湾

图 4-7　石梅湾

图 4-8　日月湾

海南滨海潟湖共有 26 个，其中海岸类潟湖 11 个、淡化类潟湖 8 个、咸化类潟湖 7 个。东寨港潟湖为海南第一大潟湖，面积约为 56km^2，如图 4-9 所示；万宁市小海潟湖为海南第二大潟湖，面积约为 49km^2，如图 4-10 所示。

图 4-9　东寨港潟湖

图 4-10　万宁市小海潟湖

4.2.2　植物、动物类型分析

海南岛全岛植被具有种类丰富、密度高的特点，海岸带分布的植被主要为椰林、青皮林、红树林这三种独具海岛特色的植被类型。椰林全岛均有分布。海南省红树林湿地面积约为 4700 公顷，约占全国的 20%，见表 4-1。其主要分布在海口东寨港、文昌八门湾、三亚青梅港及三亚河、东方四更北黎湾、洋浦经济开发区洋浦港和新英湾、临高新盈（图 4-11）、红牌港、马枭湾、澄迈花场湾沿岸及东水港沿岸。红树林湿地被誉为海洋卫士，是重要的滨海湿地生态系统，为鸟类提供了良好的栖息环境，是其繁殖、栖息、迁徙、越冬的场所，如图 4-12、图 4-13 所示。海南万宁礼纪（石梅湾和日月湾）还遗存有全国仅存的两片成片青皮林（图 4-14），如今仍留有为保护这片青皮林而立的"青皮林禁碑"。

全岛滨海红树林与青皮林保护区一览表 表 4-1

序号	名称	保护区面积（hm²）	成立时间（年）	所在位置	级别
1	万宁礼纪青皮林自然保护区	1067	1980	万宁	省级
2	东寨港国家级自然保护区	3337.6	1980	海口	国家级
3	清澜红树林省级自然保护区	2948	1988	文昌	省级
4	新英湾红树林自然保护区	115	1992	儋州	县市级
5	澄迈花场湾红树林自然保护区	150	1995	澄迈	县市级
6	临高彩桥红树林自然保护区	350	1992	临高	县市级
7	三亚市铁炉港红树林自然保护区	292	1992	三亚	县市级
8	青梅港红树林自然保护区	92.6	1992	三亚	县市级
9	海南红树林湿地保护公园	147	2014	澄迈	国家级
10	新盈红树林国家湿地公园	106.67	2016	儋州	国家级
11	三亚国家湿地公园	1843.24	2017	三亚	国家级
12	八门湾红树林国家湿地公园	2000	2016	文昌	国家级
13	陵水红树林国家湿地公园	958.22	2017	陵水	国家级

图 4-11　新盈红树林国家湿地公园

图 4-12　黑翅长脚鹬

图 4-13　黑脸琵鹭

图 4-14　万宁礼记青皮林自然保护区

4.3 人文资源分析

4.3.1 海南特色文化

(1) 自然生态文化：海洋文化、生态文化

海洋文化和生态文化是自然生态文化的重要组成。海洋文化是人类与海洋历史、现状等互动形成的产物，也是人们在认识、把握、开发、利用海洋的社会实践中形成的物质和精神成果。具体表现为人们对海南海洋的认识、观念和思想意识以及由此形成的海洋型生活方式，包括衣食住行、生活理念及习俗信仰语言文字等；同时在开发利用资源时也受海洋影响，产生海洋经济、海洋立法、海洋旅游等。海南的绿色生态文化是以创造一种人与自然和谐共存、系统发展的道路。由物质层面的生态文化和精神层面的生态文化构成，包括了海南的生态农业、生态林业、生态旅游业等；还包括绿色生态意识、生态哲学、生态伦理学等。

(2) 历史传统文化：移民文化、贬谪文化、红色革命文化

海南的历史传统文化主要由移民文化、贬谪文化和革命文化构成，具有独特性。移民文化，就是指移民群体负载着其原居住地的生产方式、思维模式、风俗习惯、社会关系与海南本土文化的一种碰撞与融合。贬谪文化与移民文化有相似之处，是古时候历朝被贬官员，流放至海南岛，通过写文书等留下印记，也有的通过开馆授徒，继续造福百姓。通常一般把中国共产党领导的新民主主义革命称为红色革命，由红色革命所形成的文化即红色革命文化。海南的红色革命文化即中国共产党领导的新民主主义革命在海南地区所创造的特定区域文化，包括见证海南革命历史的遗址、遗物，也包括海南的革命历史、革命精神、革命文艺等，呈现出物质与精神两种形态。

(3) 少数民族文化：黎、苗、回族文化

海南少数民族文化由黎、苗、回族的少数民族文化构成，具有自己的文化特色。主要包括少数民族传统口头文学以及作为其载体的语言；少数民族美术、音乐、舞蹈、戏剧、曲艺和杂技；少数民族传统医药；少数民族传统节日、庆典、体育等系列活动；具有学术、史料、艺术价值的少数民族手稿、经卷、典籍、文献、契约、谱牒、碑碣、楹联、印章等；体现少数民族生产、生活习俗和历史发展的图腾、图案文化、服饰、器具、乐器、代表性建筑物、构筑物和设施、标识等；少数民族传统纺、染、织、绣、制陶、骨刻等工艺制作技术和工艺美术珍品；少数民族非物质文化遗产代表性项目的代表性传承人所掌握的知识和技艺；保存比较完整的少数民族文化生态区域等等。

(4)休闲文化

海南的休闲文化主要表现在生态旅游文化、休闲体育文化和养生保健文化,海南因其优美的热带自然风光和良好的生态环境,每年吸引着国内外许多游客。海南的生态环境也特别适宜打造现代休闲文化运动,如高尔夫、自行车、热气球、户外定向、潜水、帆船帆板等。海南的养生保健文化主要体现医疗保健水平的提升和温泉的开发上,具有其他地区不同的特点。

4.3.2 滨海名胜古迹

海岸带国家级文物保护单位主要分布在琼北和琼南地区,如海口、文昌、儋州和三亚分布有众多的名人故居、祠堂和书院。据不完全统计,目前海南滨海名胜古迹约有 216 处,其中国家重点文物保护单位 20 处,见表 4-2,如图 4-15～图 4-18 所示。

文物保护单位分布　　表 4-2

序号	所在市县	名称	年代
1	海口市	海瑞墓	始建于 1589 年
2		丘浚故居	始建于 1369 年
		丘浚墓	始建于 1495 年
3		五公祠	始建于明万历年(1573—1619)
4		中共琼崖第一次代表大会旧址	1926 年
5		秀英炮台	始建于 1891 年
6		珠崖岭城址	—
7		琼海关旧址	1934 年动工兴建,1937 年竣工
8		落笔洞遗址	
9	文昌市	文昌孔庙	始建于北宋庆历年间
10		韩家宅	1936 年建,历时两年建成
11		斗柄塔	始建于 1625 年
12	琼海市	蔡家宅	1934 年
13	陵水县	陵水县苏维埃政府旧址	1921 年
14	三亚市	藤桥墓群	—
15		崖城学宫	始建于 1044 年

续上表

序号	所在市县	名称	年代
16	儋州市	儋州故城	建于唐,清代多次重修
17		东坡书院	始建于1097年
18		洋浦盐田	—
19	临高县	临高角灯塔	1894 年
20	澄迈县	美椰双塔	建于南宋末期

图 4-15　海瑞墓

图 4-16　骑楼建筑文化街

图 4-17　东坡书院

图 4-18　洋浦盐田

4.3.3　滨海主要灯塔分布

灯塔是海南海洋文化的代表符号,自古有之,是指引海南渔民的重要标识物。时至今日,久经流年的一座座灯塔不再仅仅是茫茫大海上船只的守护神,更是游人眼中美丽的化身。由于海南灯塔多位于远离市区的海边,那远离喧嚣的宁静,以及浩瀚大海的美景,正让海南的灯塔逐渐成为一种十分独特的旅游资源,吸引了越来越多游客的注意。海南全岛目前主要灯塔共计25座,其中现代灯塔19座、风水灯塔3座、渔业灯塔3座,广泛分布于全岛滨海各处区域,见表4-3,选取的景观如图4-19～图4-22所示。

全岛主要灯塔信息一览表　　　　　　　　　　　　　表4-3

序号	名称	类型	建设年份	所在市县	基本描述
1	白沙门灯塔	现代灯塔	2001年	海口市	海南集邮历史上第一次发行邮册中11座灯塔之一
2	木兰头灯塔	现代灯塔	1995年	文昌市	亚洲第一灯塔(高73m)
3	铜鼓咀灯塔	现代灯塔	2015年重建	文昌市	迎接海南清晨第一缕阳光
4	清澜口灯塔	现代灯塔	1954年建,1969年重建	文昌市	海南集邮历史上第一次发行邮册中11座灯塔之一
5	博鳌灯塔	现代灯塔	2011年建	琼海市	亚洲混凝土结构灯塔中的第一高塔
6	大洲岛灯塔	现代灯塔	—	万宁市	海南集邮历史上第一次发行邮册中11座灯塔之一
7	分界洲岛灯塔	现代灯塔	—	陵水县	位于分界洲岛码头,主要用于景区游船航行的指向
8	清水湾灯塔	现代灯塔	—	陵水县	—
9	锦母角灯塔	现代灯塔	—	三亚市	守候中国大陆架的最南端
10	情人湾灯塔	现代灯塔	—	三亚市	位于三亚大东海区鹿回头山脚下而得名
11	大小洞天灯塔	现代灯塔	—	三亚市	位于三亚市区以西40km的海滨,拍摄婚纱照的绝佳背景
12	崖州丝路之塔	现代灯塔	2017年	三亚市	我国最高航标灯塔(高95m)
13	莺歌咀灯塔	现代灯塔	—	乐东县	海南集邮历史上第一次发行邮册中11座灯塔之一
14	鱼鳞洲灯塔	现代灯塔	1957年建,1985年改建	东方市	是鱼鳞洲的标志,也是东方市的标志,是北部湾重要的航标
15	峻壁角灯塔	现代灯塔	—	昌江县	海南集邮历史上第一次发行邮册中11座灯塔之一
16	观音角灯塔	现代灯塔	2001年	儋州市	
17	兵马角灯塔	现代灯塔	1958年建,1960年改建	儋州市	永远的龙门守护者
18	新盈港灯塔	现代灯塔	1930年	临高县	
19	临高角灯塔	现代灯塔	1894年建成	临高县	世界100座文物灯塔之一
20	斗柄塔	风水灯塔	1625年	文昌市	兼具风水塔与灯塔的功能
21	文笔塔	风水灯塔	清光绪年间	文昌市	兼具风水塔与灯塔的功能
22	细沙古灯塔	风水灯塔	明朝	儋州市	建于明朝的风水古灯塔
23	秀英灯塔	渔业灯塔	1894年建,1985年改建	海口市	与临高角灯塔同属为海南最老的灯塔
24	陵水角灯塔	渔业灯塔	—	陵水县	海南集邮历史上第一次发行邮册中11座灯塔之一
25	感恩角灯塔	渔业灯塔	1951年建,1996年改建	东方市	环岛西航线上的重要助航标志

图 4-19　木兰头灯塔

图 4-20　鱼鳞洲灯塔

图 4-21　临高角灯塔

图 4-22　博鳌灯塔

4.4　旅游产业现状

4.4.1　城镇与人口

海南沿海地区包括海口市、文昌市、琼海市、万宁市、陵水县、三亚市、乐东黎族自治县、东方市、昌江县、儋州市、临高县、澄迈县 12 市县，共有 47 个乡镇和 1200 多个滨海村庄，是海南社会经济发展的核心和前沿地带，见表 4-4 和表 4-5。2017 年底总人口约 800 万人。

全岛滨海乡镇一览表　　　　　　　　　　　　　　表 4-4

序号	所在市县	乡镇	数量
1	海口市	西秀镇、演丰镇、三江镇	3
2	文昌市	铺前镇、东郊镇、龙楼镇、会文镇	4
3	琼海市	长坡镇、潭门镇、博鳌镇	3

续上表

序号	所在市县	乡镇	数量
4	万宁市	万城镇、龙滚镇、山根镇、和乐镇、后安镇、东澳镇	6
5	陵水县	黎安镇、英州镇、新村镇	3
6	三亚市	海棠湾镇、吉阳镇、凤凰镇、天涯镇、崖城镇	5
7	乐东县	利国镇、九所镇、黄流镇、莺歌海镇、佛罗镇	5
8	东方市	板桥镇、感城镇、八所镇、新龙镇、四更镇	5
9	昌江县	昌化镇、海尾镇	2
10	儋州市	海头镇、排浦镇、白马井镇、峨蔓镇、新州镇、光村镇	6
11	临高县	新盈镇、调楼镇、东英镇	3
12	澄迈县	桥头镇、老城镇	2

全岛滨海美丽乡村一览表　　　　　　　　　　　　　　表4-5

序号	等级	名称
1	五星级	施茶村、北山村、文门村、红海村、墩茶村、中廖村、大石岭村、博后村
2	三星级	演丰居委会、迈德村、朝烈村、跃进村、水吼村、丹村、米埔村、山尾村、湾坡村、镇海村、铁匠村、堂福村、南海村、加美村、东群村、白茅村、上红兴村、港演村、罗驿村、波兰沟村、大石岭村、城西村、大顶村、福塘村、桥南村、新兴村、白沙村、南山村
3	一星级	盐丁村、博文村、四必村、加六村、昌福村、北岭村、乐安村、赤岭村、大丰村、盐墩村、罗民村、贝山村、美柳村、后坑村、排溪村、新联村、村仔村、长沙村、红坎村、文山村、三联村、老方村、南港村、下园村、赤坎村、老村、大新村等

4.4.2 景区分级分析

海南全岛景区资源丰富,亦较为分散,见表4-6。5A级旅游景区位于三亚地区,4A级及其他旅游景区多分布在北部和东部海岸带,西部海岸带相对薄弱,选取的景观如图4-23和图4-24所示。

景区分级分析表　　　　　　　　　　　　　　　　表4-6

序号	名称	等级	面积(公顷)	所在市县
1	分界洲岛	5A	45	陵水县
2	大小洞天	5A	2550	三亚市
3	南山文化旅游区	5A	5000	三亚市
4	蜈支洲岛	5A	148	三亚市
5	假日海滩	4A	33	海口市
6	亚洲论坛永久会址	4A	180	琼海市
7	东山岭	4A	1000	万宁市
8	清水湾旅游区	4A	—	陵水县

续上表

序号	名称	等级	面积(公顷)	所在市县
9	南湾猴岛旅游区	4A	1020	陵水县
10	大东海旅游区	4A	—	三亚市
11	西岛旅游区	4A	280	三亚市
12	天涯海角	4A	1040	三亚市
13	亚龙湾森林公园	4A	1506	三亚市
14	水稻公园	4A	253.33	三亚市
15	鹿回头	4A	137.73	三亚市
16	东坡书院	3A	2.5	儋州市
17	永庆文化旅游景区	3A	—	澄迈县
18	白沙门公园	3A	60	海口市
19	骑楼建筑文化街	3A	—	海口市
20	骑楼小吃街	3A	0.866	海口市
21	五公祠	3A	—	海口市
22	椰子大观园	3A	54.4	文昌市
23	东方文化苑	3A	—	琼海市
24	博鳌水城	3A	4180	琼海市
25	兰花世界	3A	26.67	三亚市
26	椰田古寨景区	3A	6.67	陵水县
27	凤凰岭景区	3A	1700	三亚市
28	亚龙湾国际玫瑰园	3A	183.67	三亚市
29	海底世界	3A	—	三亚市
30	海瑞墓	2A	1	海口市
31	南天热带植物园	2A	171.68	三亚市

图 4-23 南山文化旅游区

图 4-24 大东海旅游区

4.5 廊道综合规划

海南岛滨海岸线长约 1944km,滨海地区生态环境优质、生物资源丰富、景观资源独特、岸段类型多样、历史文化多元,是我国最富魅力、最具热带风情的海岛海岸。根据资源特质不同,海南滨海岸段可划分为 9 类共 84 段不同特色的景观区域,如图 4-25 和表 4-7 所示。

图 4-25 沿海景观区域总览图

全岛滨海资源岸段分布一览表　　　　表 4-7

资源岸段	数量（段）	总长（km）	比例（%）	主要特征
悬崖岬角	7	113.10	5.82	悬崖和岬角都是一种被侵蚀、风化的地形,由此形成处处美景,滨海岸段中比较有特色的悬崖岬角有:木兰头、铜鼓角、大花角、锦母角、莺歌嘴、兵马角等
入海河口	6	89.85	4.62	河口是江海交汇的景观节点,往往是城市起源之地。海南岛入海河口主要有南渡江、昌化江、万泉河、陵水河、龙滚河等

续上表

资源岸段	数量（段）	总长（km）	比例（%）	主要特征
湿地潟湖	8	393.68	20.25	湿地指地表过湿或经常积水，生长湿地生物的地区。潟湖是指海的边缘地区，由于海水受不完全隔绝或周期性隔绝，从而引起水介质的咸化或淡化，即可形成不同水体性质的潟湖。滨海比较有特色的潟湖有东寨港潟湖和莺歌海潟湖等
滨海林地	16	284.19	14.62	除普通的滨海防风林外，海南特有的滨海林地还有东郊椰林、东寨港红树林、万宁石梅湾青皮林等
滨海田园	12	275.81	14.19	滨海田园是指坐落在海边的田地，是海滨视野开阔、观海景观佳境
灯塔风车	4	105.11	5.41	海南临高灯塔在1997年世界航标协会中入选100个世界历史文物灯塔。2002年国家邮政发行了海南临高灯塔的特种纪念邮票。海南西部的东方、儋州、昌江和乐东等市县沿海岸一带，有很多风车，成为海岸线上的一道靓丽风景线
盐田	3	42.09	2.17	盐田指的是采用蒸发法制取盐的场地，滨海岸段上乐东的莺歌海盐场以及儋州洋浦的千年古盐田均历史久远
城镇	13	364.63	18.76	早期的滨海城镇主要由渔业捕捞和水运交通发展而成，现在均发展成为综合型产业发展区，沿海城市主要有海口、三亚、文昌、东方等
旅游度假	15	276.04	14.20	合理利用风景优美的滨海岸线，为人们提供一个远离闹市区享受自然环境的场所。滨海岸线上分布了31家评级景区，20家旅游度假区

将环岛旅游公路的景观风貌分为自然风貌路段和人文风貌路段两大类。其中自然风貌路段包括悬崖岬角、湿地潟湖、灯塔风车、滨海林地、入海河口、滨海田园、盐田七小类；人文风貌路段包括城镇和旅游度假区两小类。

环岛沿线总体风貌划分可指导环岛滨海旅游公路的规划与建设、主题定位、景观设计、服务设施、业态、旅游项目的更新与开发、国际旅游岛品牌形象的打造，形成一个丰富多样的地域特色，具有国际吸引力与全域体量的体验型环海南岛旅游产品。

4.6 旅游资源评价

根据沿海廊道范围内的旅游资源，结合"2 旅游公路设计基础知识"中的旅游资源评价标准，对海南环岛旅游公路沿线各个段落资源进行评价，见表4-8～表4-18（基于2019年旅游公路工程可行性研究数据）。

文昌市境内旅游公路资源评价 表4-8

序号	市县	名称	桩号	评级	认定方式	旅游价值
1	文昌	铺前骑楼老街	K0+000	B	官方	游
2	文昌	溪北书院	K0+000	B	官方	游
3	文昌	林家老宅	K0+000	C	官方	游

4 国家海岸1号旅游公路廊道分析

续上表

序号	市县	名称	桩号	评级	认定方式	旅游价值
4	文昌	新埠海人工岛	K3+100	B	官方	娱
5	文昌	妈祖岛	K4+550	A	官方	娱
6	文昌	鹰嘴头	K5+610	B	民间	游
7	文昌	七星岭	K8+120	B	官方	游
8	文昌	七星圣娘庙	K8+060	B	官方	游
9	文昌	木兰湾	K22+440	A	民间	行
10	文昌	木兰灯塔	K22+440	A	官方	游
11	文昌	风车海岸	K31+950	A	民间	游
12	文昌	潮滩鼻	K38+750	B	民间	吃
13	文昌	韩显卿墓	K44+010	B	官方	游
14	文昌	许模墓	K45+810	B	官方	游
15	文昌	抱虎港	K52+810	B	民间	娱
16	文昌	抱虎岭	K53+800	B	官方	游
17	文昌	五龙岗湿地	K60+000	B	官方	游
18	文昌	景心角	K60+210	B	民间	吃
19	文昌	三角塘灯塔	K61+010	B	官方	游
20	文昌	东郊椰林	K122+900	A	官方	行
21	文昌	八门湾红树林	K125+700	B	官方	游
22	文昌	水尾圣娘庙	K126+420	B	官方	游
23	文昌	东郊镇	K128+400	B	官方	住
24	文昌	椰子大观园	K135+630	B	官方	游
25	文昌	高隆湾	K137+750	B	官方	娱
26	文昌	会文佛珠省级特色小镇	K150+370	B	官方	购
27	文昌	会文镇生态渔业产业示范园区	K150+400	B	官方	购
28	文昌	上纪村椰子林	K150+500	C	民间	游
29	文昌	上纪村槟榔林	K150+750	C	民间	游
30	文昌	陈策将军故居	K150+800	C	官方	游

合计:A级5个,B级21个,C级4个

琼海市境内旅游公路资源评价   表4-9

序号	市县	名称	桩号	评级	认定方式	旅游价值
1	琼海	妈祖庙	K8+700	B	民间	游
2	琼海	青葛龙湾驿站	K10+050	A	官方	游
3	琼海	龙湾海滨游览区	K15+200	A	民间	娱
4	琼海	合水水库	K17+000	B	民间	游
5	琼海	鱼跃潭门驿站	K22+200	A	官方	游

续上表

序号	市县	名称	桩号	评级	认定方式	旅游价值
6	琼海	潭门港	K22+230	A	民间	游
7	琼海	流连潭门旅游度假区	K23+500	A	官方	住
8	琼海	杨善集故居	K25+300	C	官方	行
9	琼海	博鳌亚洲湾水上乐园	K29+400	B	官方	游
10	琼海	博鳌水域	K30+500	C	官方	游
11	琼海	博鳌亚洲湾开心农场	K30+600	C	民间	住
12	琼海	博鳌亚洲论坛	K35+000	A	官方	游
13	琼海	东方文化苑	K35+200	C	官方	娱
14	琼海	玉带滩	K34+560	A	官方	游
15	琼海	亚洲论坛永久会址	K35+400	B	官方	游
16	琼海	拾港南强公园	K35+400	C	民间	行
17	琼海	博鳌美雅公园	K35+900	C	民间	行
18	琼海	博鳌莲花墩观世音	K37+400	B	官方	游
19	琼海	博鳌东屿度假区	K39+600	A	民间	住
20	琼海	南港温州候王庙	K40+900	C	民间	行
21	琼海	博鳌会展文化产业园	K41+100	C	民间	行
22	琼海	沙美红树林公园	K45+800	A	官方	行

合计：A级9个，B级5个，C级8个

万宁市境内旅游公路资源评价 表4-10

序号	市县	名称	桩号	评级	认定方式	旅游价值
1	万宁	山钦古庙	K3+500	A	民间	行
2	万宁	正门岭景区	K5+150	A	官方	游
3	万宁	山钦蓝梦驿站	K8+600	A	官方	游
4	万宁	小海龙舟驿站	K27+500	A	官方	游
5	万宁	小海	K34+100	A	民间	行
6	万宁	花角锦绣驿站	K38+300	A	官方	游
7	万宁	大花角	K39+200	A	官方	行
8	万宁	东山岭	K46+500	B	官方	行
9	万宁	大洲燕昵驿站	K54+400	A	官方	游
10	万宁	神州半岛内度假区	K64+400	A	官方	住
11	万宁	碑头水库	K78+700	B	民间	行
12	万宁	石梅湾游艇会	K81+200	B	民间	游
13	万宁	日月逐浪驿站	K84+450	A	官方	游
14	万宁	日月湾度假区	K87+000	A	官方	住
15	万宁	分界洲岛景区	K92+000	A	官方	游

续上表

序号	市县	名称	桩号	评级	认定方式	旅游价值
16	万宁	牛岭观景台	K92+000	C	民间	游
17	万宁	牛岭弥香驿站	K95+861	A	官方	游
合计：A级13个，B级3个，C级1个						

陵水县境内旅游公路资源评价　　　　　　　　　　　　　　　表4-11

序号	市县	名称	桩号	评级	认定方式	旅游价值
1	陵水	分界洲岛	K0+000	A	官方	游
2	陵水	香水湾公园	K4+500	C	民间	游
3	陵水	红角岭国际滑伞中心	K4+500	B	民间	游
4	陵水	春澜香水驿站	水口庙连接线	A	官方	游
5	陵水	香水湾度假区	K9+400	A	民间	住
6	陵水	港门岭公园	K25+300	B	民间	游
7	陵水	麦迪卡斯水乐园	K28+500	B	民间	游
8	陵水	南湾猴岛旅游区	K40+260	B	民间	住
9	陵水	新村港	K40+260	A	民间	吃
10	陵水	清水湾旅游区	K40+800	B	官方	游
11	陵水	绿城蓝湾度假区	K43+000	A	民间	住
12	陵水	椰田古寨景区	K51+000	C	官方	游
13	陵水	龙岭水库	K55+900	B	民间	游
14	陵水	陵水县苏维埃政府旧址	K56+500	A	官方	行
15	陵水	四野解放海南解放纪念地	K59+400	B	官方	行
16	陵水	海棠湾福湾度假区	K60+800	A	民间	住
合计：A级7个，B级7个，C级2个						

三亚市境内旅游公路资源评价　　　　　　　　　　　　　　　表4-12

序号	市县	名称	桩号	评级	认定方式	旅游价值
1	三亚	椰洲鹭鸣驿站	K5+300	A	官方	游
2	三亚	蜈支洲岛	K15+000	A	官方	游
3	三亚	水稻公园	K14+800	B	官方	游
4	三亚	海棠花语驿站	K29+600	A	官方	游
5	三亚	亚龙湾森林公园	K32+500	B	官方	行
6	三亚	颂和水库	K37+400	B	民间	行
7	三亚	六盘度假村	K39+000	A	民间	吃
8	三亚	亚龙湾国际玫瑰谷	K41+500	B	官方	行
9	三亚	白虎岭	K43+000	A	民间	游
10	三亚	亚龙湾度假区	K43+000	A	官方	住

续上表

序号	市县	名称	桩号	评级	认定方式	旅游价值
11	三亚	高园水库	K50+500	B	民间	行
12	三亚	凤凰岭	K54+700	C	民间	行
13	三亚	西沙海战烈士陵园	K56+000	C	民间	行
14	三亚	大东海旅游区	K58+600	B	官方	游
15	三亚	珊瑚湾海滩	K58+200	B	民间	行
16	三亚	鹿回头	K65+200	B	官方	行
17	三亚	凤凰岛	K72+700	A	官方	行
18	三亚	西岛旅游区	K88+000	B	官方	游
19	三亚	天涯海角	K91+650	B	官方	行
20	三亚	兰花世界	K104+000	C	官方	行
21	三亚	南天热带植物园	K104+800	C	官方	游
22	三亚	南山文化旅游区	K108+600	A	官方	购
23	三亚	南海观音	K108+000	A	官方	游
24	三亚	大小洞天	K111+700	A	官方	行
25	三亚	崖州古城	K115+000	A	官方	购
26	三亚	崖州中心渔港	K121+200	A	民间	行
27	三亚	崖州红韵驿站	K135+700	A	官方	游
合计:A级13个,B级10个,C级4个						

乐东县境内旅游公路资源评价　　表4-13

序号	市县	名称	桩号	评级	认定方式	旅游价值
1	乐东	明代龙窑遗址	K19+500	A	民间	游
2	乐东	黄流特色产业小镇	K24+500	A	官方	娱
3	乐东	丰唐红树林湿地公园	K39+300	A	民间	游
4	乐东	白水塘湿地公园	K48+800	A	民间	游
5	乐东	白沙河谷博物馆	K53+100	A	民间	游
6	乐东	黎白港遗址	K53+400	A	民间	游
7	乐东	岭头中心渔港	K59+200	A	官方	吃
8	乐东	路峰驿站遗址	K6+600	B	民间	游
9	乐东	九所骑楼区	K11+000	B	民间	游
10	乐东	望楼河口湿地	K15+400	B	民间	游
11	乐东	生态湿地	K19+000	B	民间	游
12	乐东	莺歌海盐场	K31+700	B	官方	娱
13	乐东	永涛万亩梨花园	K62+800	C	民间	购
14	乐东	逐日龙栖驿站	K6+600	A	官方	娱
15	乐东	莺歌唱晚驿站	K26+600	A	官方	娱

续上表

序号	市县	名称	桩号	评级	认定方式	旅游价值
16	乐东	岭头揽胜驿站	K60+000	A	官方	娱
17	乐东	九所镇	K3+300	B	官方	游
18	乐东	十所村	K9+370	B	民间	行
19	乐东	利国镇	K16+600	B	官方	游
20	乐东	新联村	K17+650	C	民间	行
21	乐东	黄流镇	K24+320	C	官方	娱
22	乐东	莺歌海镇	K37+300	C	官方	游
23	乐东	新一村	K30+500	C	民间	行
24	乐东	佛罗镇	K45+000	B	官方	行
25	乐东	丹村	K48+000	C	官方	行
26	乐东	佛罗关圣庙	K47+000	A	民间	游
27	乐东	逐日龙栖观景台	K9+200	C	官方	游
28	乐东	莺歌唱晚观景台	K28+100	C	官方	游

合计：A级11个，B级9个，C级8个

东方市境内旅游公路资源评价　　　　　　　　　表4-14

序号	市县	名称	桩号	评级	认定方式	旅游价值
1	东方	金月湾	K0+510	A	官方	游
2	东方	美丽乡村(下园村)	K2+800	B	民间	游
3	东方	南岗河	K3+450	B	民间	游
4	东方	感恩烽火台遗址	K18+450	B	民间	游
5	东方	感恩学馆太城殿	K19+100	A	官方	游
6	东方	麦家祠惨案遗址	K19+100	C	民间	游
7	东方	感恩河	K19+550	B	民间	游
8	东方	通天河	K35+550	B	民间	游
9	东方	美丽乡村(下通天村)	K36+250	B	民间	吃
10	东方	菊花基地	K42+850	B	民间	游
11	东方	汉马伏波古井	K42+850	A	官方	游
12	东方	罗带河	K46+260	B	民间	游
13	东方	鱼鳞洲风景区	K49+500	A	官方	游
14	东方	八所港边贸城	K50+250	A	官方	娱
15	东方	万人坑	K50+625	C	民间	游
16	东方	解放海南最后战役地址	K51+325	B	民间	游
17	东方	铁路博物馆	K51+775	A	官方	游
18	东方	八所滨海公园	K57+125	B	民间	游
19	东方	北黎老街	K59+090	B	民间	游

续上表

序号	市县	名称	桩号	评级	认定方式	旅游价值
20	东方	解放海南烈士陵园	K59+095	B	民间	游
21	东方	北黎河	K59+550	B	民间	游
22	东方	新街贝丘遗址	K60+320	B	民间	游
合计：A级6个，B级14个，C级2个						

昌江县境内旅游公路资源评价 表4-15

序号	市县	名称	桩号	评级	认定方式	旅游价值
1	昌江	三角梅花瀑	K2+000	C	民间	游
2	昌江	大风渡口	K2+000	C	民间	游
3	昌江	昌化江入海口	K2+100	C	民间	游
4	昌江	昌桥醉霞观景台	K2+100	C	民间	游
5	昌江	冶平寺碑	K9+000	C	官方	游
6	昌江	昌化大岭	K13+300	B	官方	游
7	昌江	野生龙血树保护基地	K13+300	C	民间	游
8	昌江	海王神迹观景台	K13+390	C	民间	游
9	昌江	昌化古城	K13+890	B	官方	游
10	昌江	昌化滨海风情小镇	K13+890	B	民间	娱
11	昌江	峻灵王庙	K14+500	B	官方	游
12	昌江	峻灵神韵驿站	K14+500	B	民间	游
13	昌江	峻壁角灯塔	K20+000	C	官方	游
14	昌江	棋子湾旅游度假区（含大角、中角、小角）	K20+160	A	官方	游
15	昌江	闲敲棋子驿站	K26+750	A	民间	游
16	昌江	沙鱼塘村	K27+790	B	民间	住
17	昌江	沙地村	K27+790	C	民间	住
18	昌江	林海听涛观景台	K28+520	C	民间	游
19	昌江	林海金晖观景台	K30+200	C	民间	游
20	昌江	观海桥南观景台	K33+000	C	民间	游
21	昌江	观海桥北观景台	K34+700	C	民间	游
22	昌江	海尾湿地公园	K38+500	A	官方	游
23	昌江	海尾渔业风情小镇	K38+500	B	民间	吃
24	昌江	海尾守望驿站	K38+500	A	官方	游
25	昌江	赶海石滩观景台	K39+800	C	民间	游
26	昌江	珊瑚海滩观景台	K42+900	C	民间	游
27	昌江	昌江核电站	K46+480	B	官方	游
合计：A级4个，B级8个，C级15个						

儋州市境内旅游公路资源评价

表 4-16

序号	市县	名称	桩号	评级	认定方式	旅游价值
1	儋州	海头港潟湖	K0+000	C	民间	游
2	儋州	桥口长滩停车区	K6+400	C	民间	游
3	儋州	观音角观景台	K10+100	C	民间	游
4	儋州	观音角灯塔	K10+220	C	民间	游
5	儋州	叶蓉金滩驿站	K15+060	A	民间	娱
6	儋州	海花岛	K32+000	C	民间	娱
7	儋州	伏波将军庙	K36+660	B	民间	行
8	儋州	文峰塔	K40+500	C	民间	行
9	儋州	白马井(古:白马涌泉)	K40+500	B	民间	游
10	儋州	排浦渔港	K42+000	B	民间	吃
11	儋州	洋浦港	K44+000	C	民间	行
12	儋州	洋浦古盐田	K44+120	A	官方	游
13	儋州	新英湾红树林自然保护区	K48+000	B	民间	游
14	儋州	东坡书院载酒堂(古:载酒南熏)	K53+000	A	官方	游
15	儋州	古郡制旧州城(古:旧州西照)	K55+000	C	民间	行
16	儋州	中和镇天堂村(古:天堂春色)	K56+000	A	官方	游
17	儋州	颜塘村及漾月村(古:颜塘漾月)	K59+000	C	民间	游
18	儋州	笔架山(古:笔架云烟)	K59+000	B	民间	游
19	儋州	沧海盐丁驿站	K63+200	A	民间	娱
20	儋州	盐丁村古盐田	K64+000	A	官方	游
21	儋州	细沙古灯塔	K64+000	A	官方	行
22	儋州	盐丁村古码头	K64+000	A	官方	行
23	儋州	笔架岭	K64+060	B	民间	行
24	儋州	下浦渔趣观景台	K64+580	C	民间	吃
25	儋州	龙抬头观景台	K66+720	C	民间	游
26	儋州	兵马角	K67+980	A	官方	游
27	儋州	眺龙台观景台	K67+980	C	民间	游
28	儋州	峨蔓镇龙门山(古:龙门激浪)	K69+100	A	官方	游
29	儋州	珍珠湾观景台	K69+780	C	民间	娱
30	儋州	长沙村	K71+000	C	民间	娱
31	儋州	峨蔓镇火山海岸省级地质公园	K72+360	A	官方	游
32	儋州	红树石趣观景台	K72+800	C	民间	行
33	儋州	鱼骨港停车区	K73+580	C	民间	行
34	儋州	鱼骨桥北观景台	K75+200	C	民间	行

续上表

序号	市县	名称	桩号	评级	认定方式	旅游价值
35	儋州	探海北望停车区	K78+350	C	民间	行
36	儋州	黄沙村海滩	K79+000	C	民间	行
37	儋州	火山海岸驿站	K79+425	A	民间	娱
38	儋州	回龙村	K80+500	C	民间	住
39	儋州	新黎湿地观景台	K82+567	C	民间	游
40	儋州	木棠互联网创艺小镇	K86+000	C	民间	娱
41	儋州	懒散塘观景台	K86+825	C	民间	行
42	儋州	大文村古村落	K90+000	C	民间	行
43	儋州	火烧坡水库	K90+000	C	民间	游
44	儋州	邓宅村抗日炮楼	K90+750	C	民间	游
45	儋州	大文村古村落	K91+500	C	民间	行
46	儋州	铁匠村	K91+500	C	民间	行
47	儋州	卧龙望乡观景台	K92+086	C	民间	行
48	儋州	神冲飞浪观景台	K94+878	C	民间	行
49	儋州	松林岭(古:松林晚翠)	K96+300	B	民间	游
50	儋州	新丰古村观景台	K97+175	C	民间	游
51	儋州	儋耳追光驿站	K98+700	A	民间	娱
52	儋州	新村渔港观景台	K99+471	C	民间	游
53	儋州	兰山望礁停车区	K101+150	C	民间	游
54	儋州	海渔记忆观景台	K103+924	C	民间	游
55	儋州	顿积港潟湖	K106+400	C	民间	游
56	儋州	光村银滩	K108+600	B	民间	游
57	儋州	光村调歌广场	K109+000	C	民间	行
58	儋州	银滩泛歌驿站	K111+150	A	民间	娱
59	儋州	泊潮乡农会旧址	K111+300	C	民间	行
60	儋州	黄金容烈士纪念碑	K111+300	C	民间	行
61	儋州	红树小径停车区	K111+940	C	民间	游
62	儋州	红树神泉观景台	K115+050	C	民间	游
63	儋州	雪茄风情小镇	K117+000	B	民间	住
64	儋州	新盈红树林国家湿地公园	K117+100	B	民间	游
65	儋州	瞭望阁观景台	L4K7+849	C	民间	游

合计:A级14个,B级10个,C级41个

临高县境内旅游公路资源评价 表4-17

序号	市县	名称	桩号	评级	认定方式	旅游价值
1	临高	彩桥红树林自然保护区	K2+000	A	官方	游
2	临高	彩桥记忆	K2+100	A	民间	娱

续上表

序号	市县	名称	桩号	评级	认定方式	旅游价值
3	临高	新盈港灯塔	K5+600	B	民间	游
4	临高	头咀港	K6+180	B	民间	住
5	临高	新市水库	K7+800	C	民间	游
6	临高	新盈港	K10+200	A	民间	吃
7	临高	龙楼古盐田	K13+200	C	官方	行
8	临高	黄龙港	K13+200	C	民间	吃
9	临高	调楼港	K15+500	A	民间	游
10	临高	抱吴港	K16+900	C	民间	行
11	临高	道隆村	K18+900	C	民间	行
12	临高	头洋海堂	K21+400	A	民间	娱
13	临高	龙潭神雨	K22+380	B	民间	行
14	临高	扶提西村	K24+600	C	民间	住
15	临高	兰麦村	K25+270	A	官方	游
16	临高	美夏港	K29+100	A	民间	娱
17	临高	临高角风景名胜区	K36+330	A	官方	游
18	临高	博铺烽火台	K38+900	A	官方	行
19	临高	百仞滩	K40+080	A	官方	行
20	临高	文澜文化公园	K40+081	A	民间	行
21	临高	文澜江入海口	K41+100	A	民间	行
22	临高	碧桂园金沙滩	K43+700	A	民间	娱
23	临高	金牌港	K53+800	C	民间	吃
24	临高	白蝶贝保护区	K53+801	B	官方	游
25	临高	马袅港	K59+350	B	民间	游
26	临高	新盈红树林观景台	K5+500	C	民间	游
27	临高	新市水库观景台	K7+700	C	民间	游
28	临高	头洋海堂观景台	K19+200	C	民间	娱
29	临高	文澜江观景台	K40+800	C	民间	娱
30	临高	彩桥停车区	K1+700	C	民间	行
31	临高	抱社村停车区	K13+300	C	民间	行
32	临高	头洋下村停车区	K20+200	C	民间	行
33	临高	美夏村停车区	K29+000	C	民间	行
34	临高	邦乐村停车区	K46+600	C	民间	行
35	临高	文德村停车区	K52+700	C	民间	行

续上表

序号	市县	名称	桩号	评级	认定方式	旅游价值
36	临高	彩桥遗梦驿站	K3+100	A	官方	住
37	临高	峡角飞渡驿站	K33+900	A	官方	住
合计：A级15个，B级5个，C级17个						

澄迈县境内旅游公路资源评价 表4-18

序号	市县	名称	桩号	评级	认定方式	旅游价值
1	澄迈	道僚龙吉天后宫	K0+400	A	民间	游
2	澄迈	头友角	K3+700	B	民间	住
3	澄迈	包岸村	K4+100	B	民间	行
4	澄迈	雷公岛	K6+550	A	民间	游
5	澄迈	道伦角	K6+550	B	民间	行
6	澄迈	玉包港	K8+750	B	民间	吃
7	澄迈	玉包村	K8+750	B	民间	住
8	澄迈	玉包港登陆作战纪念碑	K10+50	A	官方	游
9	澄迈	林诗港	K12+500	B	民间	娱
10	澄迈	才芳港	K13+300	B	民间	游
11	澄迈	桥头村	K13+500	B	官方	住
12	澄迈	红坎岭陶艺园	K15+700	C	官方	娱
13	澄迈	地瓜文化馆	K17+600	C	官方	行
14	澄迈	桥头地瓜基地	K17+800	C	民间	吃
15	澄迈	沙土史证碑	K18+600	B	民间	游
16	澄迈	花场古村	K21+300	A	民间	游
17	澄迈	富力红树湾湿地公园	K25+000	A	民间	行
18	澄迈	大丰古村落	K31+000	A	官方	游
19	澄迈	姜氏宗祠	K32+700	C	民间	行
20	澄迈	马白山将军纪念园	K33+300	A	官方	游
21	澄迈	马村港	K34+200	B	民间	吃
22	澄迈	唐朝古村石矍古村	K34+400	B	官方	游
23	澄迈	古村—潭昌村	K35+900	C	官方	游
24	澄迈	永庆寺	K44+400	A	官方	游
25	澄迈	盈滨半岛旅游度假区	K47+000	B	官方	娱
26	澄迈	中兴村停车区	K0+700	C	民间	行
27	澄迈	雷公岛停车区	K7+000	C	民间	行
28	澄迈	信作港停车区	K11+500	C	民间	行
29	澄迈	红坎岭陶艺园停车区	K16+100	C	民间	行

续上表

序号	市县	名称	桩号	评级	认定方式	旅游价值
30	澄迈	福山油田停车区	K24+800	C	民间	行
31	澄迈	头友听涛驿站	K3+500	A	官方	住
32	澄迈	薯香桥头驿站	K17+650	A	官方	住
33	澄迈	大丰古韵驿站	K31+600	A	官方	住

合计：A级11个，B级12个，C级10个

4.7 旅游公路评级

根据分级标准，对海南环岛旅游公路沿线各段旅游价值进行评级，见表4-19。

海南环岛旅游公路旅游价值评级表　　　表4-19

市县名称	旅游公路分级	长度(km)
海口	A级路段	60.0
文昌	A级路段	140.0
文昌	B级路段	21.0
琼海	A级路段	47.3
万宁	A级路段	95.9
陵水	A级路段	64.7
三亚	A级路段	137.7
乐东	A级路段	62.6
东方	A级路段	74.1
昌江	A级路段	57.4
儋州	A级路段	118.6
临高	A级路段	48.0
临高	B级路段	12.5
澄迈	A级路段	48.8

5 国家海岸1号旅游公路选线设计

海南岛由山地、丘陵台地、平原构成环形层状地貌,四周平、中间高耸,呈"草帽"型。环岛沿海岸线曲折,地质复杂多样,低山、丘陵、港湾、沙滩较多,各有佳境;全岛河流众多,呈辐射状分布,水文变化剧烈;气候多变,雨量充沛,沿海风浪较大;生态要求严格,旅游资源丰富。

截至2019年,海南省公路里程达到了197709km,其中县道44840km,乡道111048km,村道41821km,总体规模不足,除了海口、三亚等市县,景区与城市以及景区之间仍未形成快速通达的公路交通网络。

本章结合海南省旅游产业的发展现状和规划,根据沿海各市县旅游资源的分布特点,分析现有的主要旅游交通状况,以各个交通区旅游资源比较集中的景区作为控制点,优化、规划连接主要旅游景区和具有较高旅游价值的旅游公路线路。

5.1 选线原则

为了充分体现旅游公路的旅游价值,线位选择时需着重考虑以保存和不破坏自然生态景观为主导思想,充分展现海南地域特色,在坚持灵活性、安全性、整体性、经济性的基础上,遵循以下原则:

5.1.1 保护环境、生态优先

海南滨海区域多个自然保护区、森林公园和风景名胜区星罗棋布,道路沿线还分布有基本农田和公益林,本着生态优先的规划原则,路线尽可能避开以上各类生态敏感区域。对于受地形条件限制,难以完全避开的穿越路段应严格控制道路红线宽度,制定切实可行的生态环境保护措施。

5.1.2 结合现状,因地制宜

为实现资源利用的最优化,环岛旅游公路主线充分利用现状省道、县道、村道等道路进行改造设计,因地制宜,避免重复建设造成的资源浪费,并可对现状公路的道路品质和景观效果进行提升。

5.1.3 联村串景、无中生有

环岛旅游公路主线主要穿梭在滨海 300m 以内区域,应尽可能展示滨海区域多变的沙滩、礁岩、山体、台地等海岸地形地貌,连接不同特色的景观区域、现状评级景区、旅游度假区,给旅游者带来丰富多样的旅游交通体验。同时以建设环岛旅游公路为契机,将沿途分布的乡、村打造为特色小镇、美丽村庄,大力发展乡村旅游产业,全面提升景观风貌。

5.1.4 曲径通幽、借道出海

旅游公路以慢行慢游为目标,强化平、竖曲线变化,达到空间变换、步移景异的景观效果;充分利用并改造临海的村道、林间路、风车路等"借道出海",以达到亲海、观海的目的。

5.1.5 居高临下、亲近滨水

合理利用滨海悬崖、台地,依山就势,因地制宜,临海选线,追求居高瞰海的视觉效果;并规划一定比例直接观海的路段,以充分展现海南最美的海湾、岸线、沙滩等资源景观。其观海形式多样,包括远眺望海、居高瞰海、透林观海、近海亲海等多种类型。

5.1.6 快进慢游、形成网络

以"慢速"的环岛旅游公路为旅游主线,通过"中速"的连接线衔接沿海"快速"交通体系,在滨海地区形成"慢、中、快"三级旅游交通网络,如图 5-1 所示。

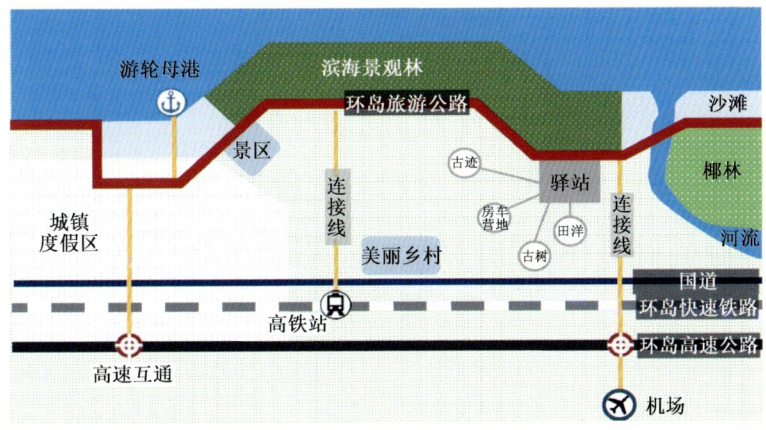

图 5-1 "快进漫游、形成网络"示意图

5.2 主线选线方案

环岛旅游公路主线总里程约988.2km,见表5-1。

各市县旅游公路主线情况一览表(单位:km) 表5-1

市县	总里程	新改建段	利用段
海口段	60.000	—	60.000
文昌段	160.532	77.288	83.244
琼海段	56.574	6.437	50.137
万宁段	96.543	39.250	57.293
陵水段	65.271	26.444	38.826
三亚段	131.466	—	131.466
乐东段	62.359	53.772	8.587
东方段	74.281	50.788	23.493
昌江段	51.948	39.979	11.969
珠碧江段	5.385	5.385	—
儋州段	102.211	88.978	13.233
洋浦经济开发区	16.477	3.005	13.472
临高段	58.036	35.460	22.576
澄迈段	47.126	26.375	20.751
合计	988.209	453.161	535.047

(1)利用现状公路长度约535km:直接利用滨海现状建设情况较为良好、路面条件符合旅游公路标准的路段。该路段一般无需进行道路工程性改造,仅加强道路配套设施、提升两侧景观;

(2)新建路段和改扩建路段长度约453km:新建路段进行道路工程建设、道路设施配套和道路景观的整体打造;利用既有乡道、村道进行改造提升的路段需要拓宽道路红线宽度,进行道路工程性改造,并加强道路配套设施,提升道路两侧景观。

5.2.1 海口段

海口,别称"椰城",是海南省的省会,位于海南岛北部,东邻文昌,西接澄迈县,南毗定安县,北濒琼州海峡。海口历史悠久,人文深厚,是中国古代"海上丝绸"之路的重要驿站、中国最早的十大通商口岸之一,也是首批国家历史文化名城。海口资源丰富,风光旖旎,自然风光、人文景观交相辉映、相互交融,是首批中国优秀旅游城市。滨海廊道范围内有金沙湾滨海公园、万绿园、滨海公园、城市中央公园、世纪公园、假日海滩、西秀海滩、白沙门公园、碧海银滩等公园景观;有秀英炮台、海口云洞图书馆、海瑞墓、世纪大桥、骑楼建筑文化街、白沙门灯塔、五公祠、中共琼崖第一次代表大会旧址、海南省博物馆、演丰革命纪念园等历史人文景观;有五源河森林公园、海口五源河国家湿地公园等自然保护区等。景区、名胜云集,自然人文景观极为丰富,是休闲度假的最佳选择,如图5-2~图5-7所示。

图5-2 海瑞墓

图5-3 骑楼建筑文化街

图5-4 假日海滩

图5-5 东寨港国家自然保护区

图5-6 世纪大桥

图5-7 云洞图书馆

海南环岛旅游公路(海口段)沿线旅游资源分布,见表5-2。

海南环岛旅游公路(海口段)沿线资源　　　　　表5-2

道路	内海	岬角	入海口	海湾	保护区	滨海景区、名胜等	特色小镇等
永庆大道、滨海大道、世纪大道	—	—	—	海口湾	五源河森林公园、海口五源河国家湿地公园	金沙湾滨海公园、万绿园、滨海公园、城市中央公园、世纪公园、假日海滩、西秀海滩、秀英炮台、海口云洞图书馆、海瑞墓、世纪大桥	海口市国际免税城、海口国际会展中心
碧海大道、和平大道、海甸五东路	—	—	海甸河、新沟河、南渡江	—	—	骑楼建筑文化街、白沙门公园、白沙门灯塔、五公祠、碧海银滩、中共琼崖第一次代表大会旧址、海南省博物馆	—
江东大道、海文大桥	东寨港	—	—	—	东寨港国家级自然保护区	演丰革命纪念园	演丰镇

环岛旅游公路海口段选线原则为靠近滨海,完全利用现有道路,串联沿线旅游区。起点通过永庆大道与澄迈段相接,终点通过已建成的海文大桥与文昌段相连,路线总长约60km。由海口市永庆大道、滨海大道、甸昆路、世纪大道、碧海大道、海甸五东路、新东大桥及连接线、江东大道、海文大桥组成,如图5-8所示。

乡镇级控制点包括:秀英区西秀镇、秀英区海秀镇、龙华区、美兰区新埠镇、琼山区演丰镇。

5.2.2　文昌段

文昌市位于海南岛东北部,境内风光绮丽,景观独特。廊道内的自然人文景观十分丰富,有丰富的历史文化古迹,如欧村双桂第、陈策将军故居等;有秀美的风光美景,如木兰湾、七星岭、铜鼓岭、八门湾湿地公园、东郊椰林风景名胜区、高隆湾旅游区、冯家湾旅游区等;有给我们视觉冲击的木兰灯塔、海文大桥、风车海岸;有颇具特色的铺前民国骑楼老街、溪北书院、斗柄塔历史人文景观;有青少年科普基地和爱国主义教育基地——文昌航天科技主题公园;也有人类智慧体现的盐僚村晒盐场,如图5-9～图5-14所示。自然人文资源十分丰富。

国家海岸1号旅游公路选线设计 ◁ 5

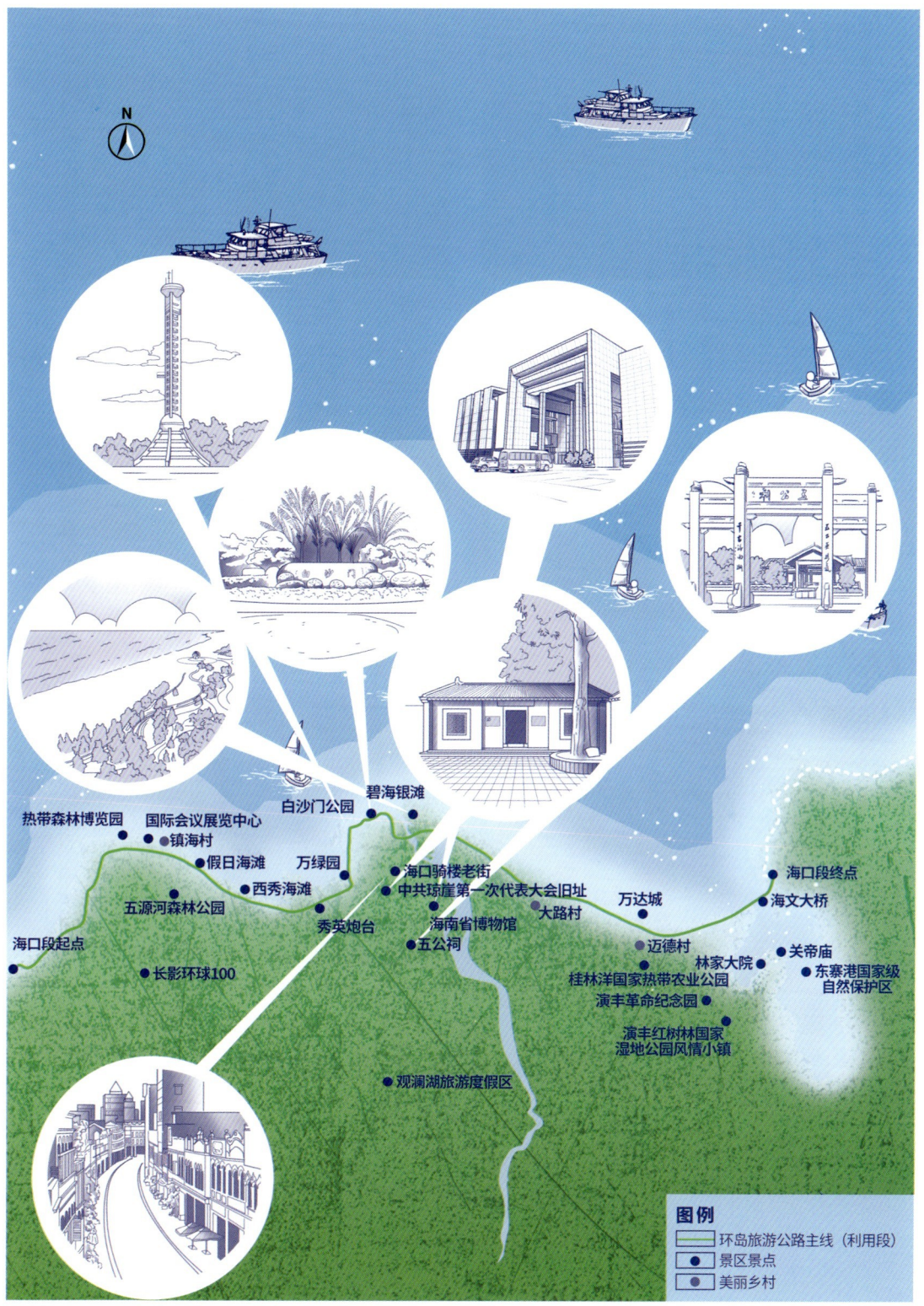

图 5-8　海南环岛旅游公路(海口段)线位图

图5-9　木兰灯塔

图5-10　海文大桥

图5-11　风车海岸

图5-12　八门湾湿地公园

图5-13　东郊椰林

图5-14　航天科技城

海南环岛旅游公路(文昌段)沿线旅游资源分布,见表5-3。

海南环岛旅游公路(文昌段)沿线资源　　　　　　　表5-3

道路	内海	岬角	入海口	海湾	保护区	滨海景区、名胜等	特色小镇等
海文大桥、旅游公路	—	—	—	铺前湾、海南湾	—	铺前老街、溪北书院、七星岭、斗柄塔、海文大桥	铺前镇
	—	海南角	—	木兰湾	—	木兰湾、木兰灯塔、潮滩鼻	—

续上表

道路	内海	岬角	入海口	海湾	保护区	滨海景区、名胜等	特色小镇等
S206	—	景心角	—	月亮湾	—	抱虎岭	
	—	铜鼓角	—	—	—	铜鼓岭风景区、石头公园、文昌航天科技主题公园	龙楼航天特色商业街
旅游公路	八门湾	—	文昌河	高隆湾、冯家湾	清澜红树林省级自然保护区、八门湾红树林国家湿地公园	东郊椰林风景区、椰子大观园、文昌孔庙、韩家宅、盐僚村晒盐场	会文佛珠省级特色小镇、会文镇生态渔业产业示范园区

廊道范围内涵盖风车路段、椰林路段、湿地路段、田园路段、旅游区路段等。重点打造风车路段和椰林路段，因地制宜的设置 S 形曲线增加驾驶体验；风车路段需综合考虑检修道路利用与观赏位置的关系；防风林路段可利用林区道路适度拓宽，增设观海通道直达海滨；红树林湿地路段采用绕避策略；鱼塘湿地路段，根据实施难度，深入穿越和曲线绕避相结合；其他路段主要是过境交通，进行一般设计。

环岛旅游公路文昌段，路线总长约 160km，利用道路 83km，新改建段 77km。本项目主线新改建段共分为 3 段，分别为北部的木兰湾段和南部的东郊椰林段及会文镇段。

具体路线方案概述如下，如图 5-15 所示：

（1）木兰湾段起点位于海文大桥东侧，铺前镇云楼西，设平交顺接旅游干线公路，之后先向西，再向北穿越近海养殖塘，经美兰村、新港村、新埠村至七星岭西侧，连接规划驿站，之后继续沿海岸布线至木兰头西南侧，沿乡道 Y007 向北布线至木兰灯塔，连接规划驿站，再折向东，依地形向东南布线至风车海岸，在风车海岸现有风车道西侧继续向西南布线至潮滩鼻，而后折向西南沿规划线位布线，终点在韩显卿墓西北与旅游干线公路平交。木兰湾段路线全长 43.220km，主要控制点有旅游干线公路、海口市铺前红树林自然保护区、七星岭、木兰头、风车海岸、潮滩鼻。

（2）东郊椰林段起点位于龙楼镇航天发射场西侧的前进村，设平交顺接旅游干线公路，之后沿现状水泥路先向南 1km 至海边，再折向西南沿海边椰林布线，经大海村、大陆湾、曲客港、中场港至口牙村西侧，占用现状水泥路，在规划驿站西南离开现状水泥路，沿海岸线布设约 2km 后再次回到现状水泥路，之后沿水泥路向西北布设约 2.7km，路线折向东北，经海坡村、坡尾村、青头村，在东郊镇西侧与县道 X183 平交后，沿西侧现状水泥路继续向北布线，终点在清澜大桥东侧与旅游干线公路平交。路线全长 18.564km，主要控制点有旅游干线公路、大海村、牙口村、东郊椰林、县道 X185。

（3）会文镇新建段起点位于高隆湾现状断头路，之后向西南布线，经南海村、盐僚村、长圮村至会文镇冯家湾北侧，与现状省道 S201 平交。路线全长 15.504km，主要控制点有高隆大道、南海村、盐僚村（附近大量鱼塘湿地）、沙港村、长圮村、省道 S201。

国家海岸1号旅游公路设计理论与实践

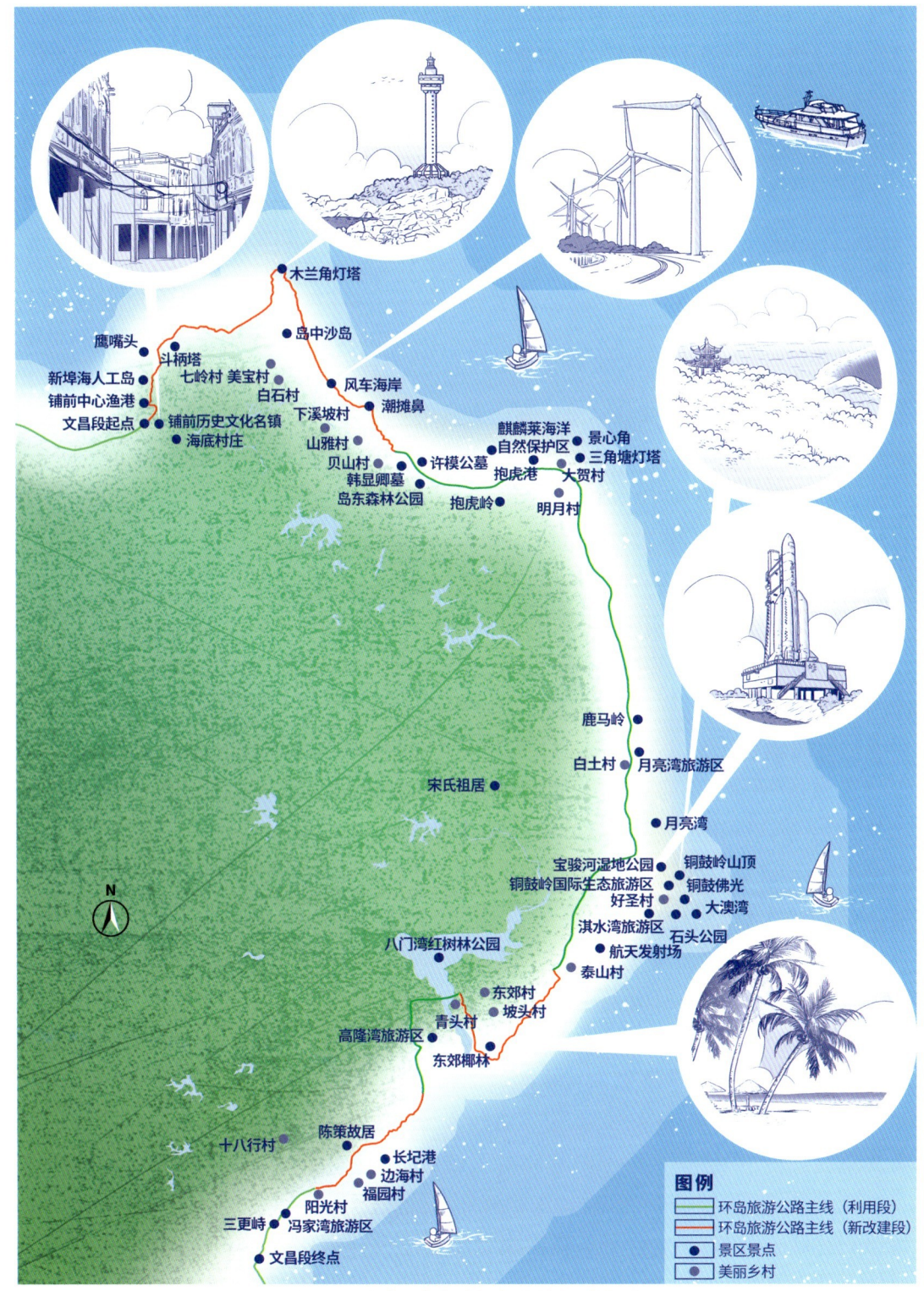

图5-15 海南环岛旅游公路(文昌段)线位图

5.2.3 琼海段

琼海市位于海南省东部沿海,东临南海,北与文昌市、定安县交界,西与屯昌县、琼中黎族苗族自治县接壤,南与万宁市毗邻。琼海市的旅游资源丰富,主要旅游景区包括万泉河风景名胜区、白石岭、圣公石、沙洲岛、红色娘子军塑像、官塘温泉、聚奎塔、红石滩以及滨海旅游区(包括酒吧公园、博鳌灯塔)等。此外,琼海市还被誉为"中国温泉之乡"和"中国胡椒之乡",是著名的红色娘子军故乡,也是博鳌亚洲论坛的永久会址所在地,如图5-16～图5-19所示。

图5-16 博鳌灯塔

图5-17 博鳌亚洲论坛会议中心

图5-18 中国南海博物馆

图5-19 沙美内海

海南环岛旅游公路(琼海段)沿线旅游资源分布,见表5-4。

海南环岛旅游公路(琼海段)沿线资源　　　　　表5-4

道路	内海	岬角	入海口	海湾	保护区	滨海景区、名胜	特色小镇等
S201	—	—	—	冯家湾	—	—	—
港下至潭门公路	—	—	潭门港	龙湾	—	龙湾海滨游览区、潭门港	潭门镇
滨海大道	—	—	—	—	—	红石滩、中国南海博物馆、滨海酒吧公园、妈祖庙、博鳌灯塔	—

续上表

道路	内海	岬角	入海口	海湾	保护区	滨海景区、名胜	特色小镇等
S219博鳌出口路	—	—	万泉河	博鳌湾	—	亚洲论坛永久会址、东方文化苑、蔡家宅、玉带滩	博鳌镇、博鳌乐城国际医学产业中心
沙美内海公路	沙美内海	—	—	—	沙美红树林湿地公园	—	—

环岛旅游公路琼海段主线总里程为46.704km,其中新改建段长1.057km,完全利用45.647km,由S201灵文嘉线三更峙至望海岭段、港下至潭门环岛旅游公路、县道潭门至博鳌(博鳌滨海大道)、S213嘉博线、S219博鳌出口路、博鳌核心区沙美内海环岛旅游公路构成,串联廊道范围内龙湾海滨游览区、潭门港、中国南海博物馆、东方文化苑、蔡家宅、玉带滩等景点。

廊道范围内的红石滩、博鳌论坛成立会址等景点临近海滨,距离主线稍远,通过改建滨海旅游区现状道路设立支线串联,同时增设观海通道直达海滨。支线总长9.870km,其中新改建段长5.380km,完全利用4.49km。起点位于博鳌滨海大道南侧博鳌·金湾小区附近,接小区外侧道路至博鳌滨海路,经过红石滩、海滨酒吧公园至妈祖庙,然后向南经锦江圣公码头北侧布线,沿中信南侧广场至博鳌论坛成立会址东侧广场,接水城路环岛,向北接S213嘉博线至终点,如图5-20所示。

乡镇级控制点包括:长坡镇、潭门镇、博鳌镇。

5.2.4 万宁段

万宁市位于海南省东海岸,毗邻琼海、陵水,地处热带和亚热带的交界处,生态优良,风景秀丽,气候宜人,四季如春,辖区内分布着奇山、异石、温泉、海滩、岛屿、河流、瀑布、珍稀植物、热带雨林等特色旅游资源,是度假休闲旅游胜地,享有"世界长寿之乡""世界冲浪胜地""中国槟榔之乡""温泉之乡""南药之乡""植物王国""佛教圣地""高尔夫天堂""美食之都"等美誉。

廊道范围内风光秀美,分布有山根湾、山钦湾(燕子洞)、石梅湾、日月湾等10个风景秀丽的优质海湾;有大洲岛、加井岛等5个无人小岛;有神州半岛、英豪半岛等2个风光旖旎的半岛;有港北小海、老爷海等2个独特的内海;有龙滚侨乡小镇、和乐龙舟渔家小镇、兴隆咖啡产业园等别样风情的小镇;亦有给人们带来视觉冲击的特殊构筑物港北大桥、太阳河大桥。滨海沙滩洁白、海浪激涌,是冲浪爱好者向往的、国内条件最优越的冲浪胜地,如图5-21~图5-24所示。

国家海岸1号旅游公路选线设计

图 5-20 海南环岛旅游公路（琼海段）线位图

图 5-21　燕子洞景区

图 5-22　石梅湾

图 5-23　港北大桥

图 5-24　太阳河大桥

海南环岛旅游公路(万宁段)沿线旅游资源分布,见表 5-5。

海南环岛旅游公路(万宁段)沿线资源　　　　表 5-5

道路	内海	岬角	入海口	海湾	保护区	滨海景区、名胜	特色小镇等
旅游公路	—	—	龙滚河	山钦湾、山根湾	—	山钦古庙、燕子洞	龙滚侨乡小镇
疏港大道	小海	—	港北港	英豪湾	—	港北大桥	和乐龙舟渔家小镇
旅游公路	—	大花角	—	保定湾、春园湾	—	—	—
万宁旅游公路	老爷海	—	坡头港	南燕湾、石梅湾	万宁礼记青皮林自然保护区	兴隆热带植物园、石梅湾、太阳河大桥	兴隆咖啡产业园
G98	—	—	—	日月湾	—	日月湾游览区	—

廊道内具有典型的悬崖路段、河口路段、防风林路段、田园路段、湿地路段以及城镇旅游区路段。山钦湾正门岭路段是全岛唯一的新建悬崖路段，依山就势，临海选线，以造价服从生态为理念，采用以桥代路方案进行穿越；龙滚河大桥位于龙滚河入海口，河口地形相对平坦，通视性较好，背景自然景物层次较单调，契合万宁旅游冲浪戏水的定位，打造河海交融的景观节点；防风林路段综合考虑林间道路的利用与观海的关系，设置 S 形曲线增加驾驶体验，增设观海通道直达海滨；山钦湾附近有大面积农田，地势平坦，视野开阔，采用大弧度平面曲线打造穿越腹地田园的景观效果，丰富道路行驶乐趣；鱼塘湿地路段，根据实施难度，深入穿越和曲线绕避相结合；其他景观路段主要是过境交通，进行一般设计。

环岛旅游公路万宁段起点位于万琼分界点深美村县道 X428，与在建沙美内海旅游公路相接，路线沿海防林向南敷设，于山钦湾高尔夫球场北侧西行，与县道 X428 衔接，利用县道 X428 约 0.85km，在上卿村西设平交后向南沿沟谷布线，设正门岭大桥、云梯岭大桥、龙滚河大桥等依次跨越正门岭、云梯岭、龙滚河、青山河、文容河，于港下村北侧接至疏港大道，利用港北大桥。路线跨越港北港后，沿海防林向南至大花角后转向西，对既有县道 X432 实施改造，与石梅湾至大花角段旅游公路衔接，连接太阳河大桥、石梅湾、兴隆热带植物园等，利用 G98 高速串联日月湾游览区，终点为牛岭互通。全线总里程为 96.543km，其中路线新建长度 36.208km，改建长度 3.042km，完全利用 57.293km，如图 5-25 所示。

乡镇级控制点包括：龙滚镇、山根镇、和乐镇、万城镇、东澳镇、南桥镇。

5.2.5 陵水段

陵水县位于海南岛东南面，东邻万宁，西交保亭，北依琼中，南连三亚。其旅游资源十分丰富，有海湾、沙滩、岛屿、椰林、原始森林、瀑布、温泉、猕猴、鸵鸟游乐观赏等。廊道内景观有分界洲岛、香水湾公园、香水湾度假区、水口庙、知音桥、椰子岛、陵水县苏维埃政府旧址、港门岭公园、海洋世界、南湾猴岛旅游区、疍家渔排、陵水红树林国家湿地公园、清水湾旅游区、三江古庙等自然人文景观，如图 5-26 ~ 图 5-31 所示。千峰竞秀的吊罗山脉横贯西北，万顷碧波的大海静卧东南，高山流水的知音桥传承古今，优越的地理位置、宜人的气候和丰富的旅游资源相得益彰。

国家海岸1号旅游公路设计理论与实践

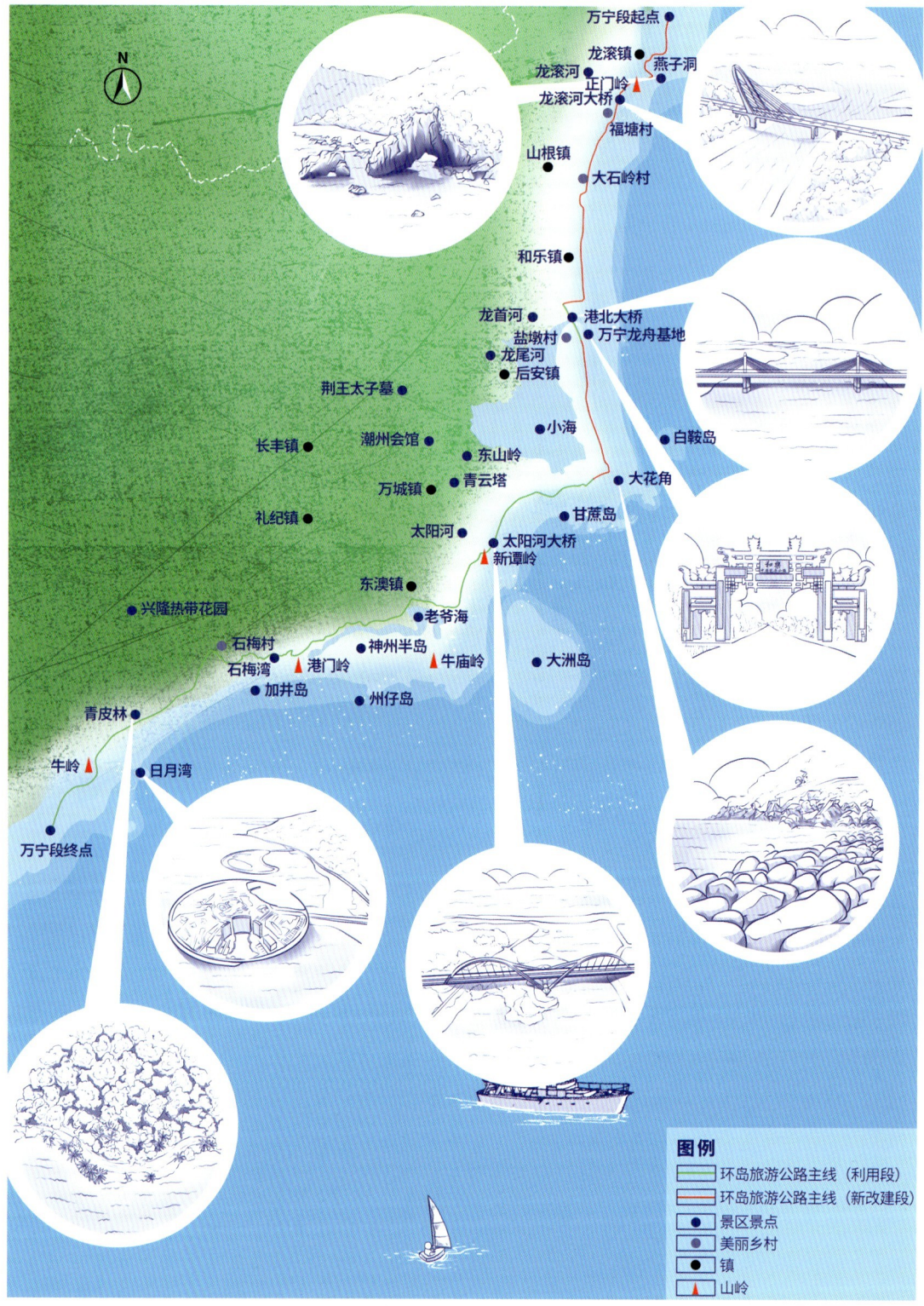

图 5-25 海南环岛旅游公路（万宁段）线位图

图5-26 分界洲岛

图5-27 南湾猴岛

图5-28 陵水红树林国家湿地公园

图5-29 知音桥

图5-30 黎安港

图5-31 新村港

海南环岛旅游公路(陵水段)沿线旅游资源分布,见表5-6。

海南环岛旅游公路(陵水段)沿线资源 表5-6

道路	内海	岬角	入海口	海湾	保护区	滨海景区、名胜	特色小镇等
G98高速	—	—	—	香水湾	—	分界洲岛	—
香水湾大道	—	—	—	香水湾	—	香水湾公园	—
环岛旅游公路	—	—	—	香水湾	—	香水湾度假区、水口庙	—

续上表

道路	内海	岬角	入海口	海湾	保护区	滨海景区、名胜	特色小镇等
滨河南路、滨河北路	—	—	陵水河	—		知音桥、椰子岛、陵水县苏维埃政府旧址	—
黎安路、X663县道	黎安港	陵水角	黎安港			港门岭公园、海洋世界	陵水黎安国际创新教育试验区
环岛旅游公路	新村港	—	新村港	—	陵水红树林国家湿地公园	南湾猴岛旅游区、疍家渔排、三江古庙	—
清水湾大道				陵水湾、清水湾		清水湾旅游区	陵水清水湾国际游艇小镇

境内有黎安港、新村港两大内海，海洋景观突出，但工程规模巨大，且对港口的影响有待进一步论证，故采用内陆绕行方案，待条件允许后设立支线。

廊道内涵盖湿地路段、田园路段以及城镇旅游区路段。陵水红树林国家湿地公园采用绕避策略；鱼塘湿地路段，根据实施难度，深入穿越和曲线绕避相结合；其他景观路段主要是过境交通，进行一般设计。

海南环岛旅游公路（陵水段）全线总里程为65.271km，其中路线新建长度19.278km，改建长度7.166km，完全利用38.826km。路线自东向西布设，通过起点G98环岛高速公路牛岭互通连接分界洲岛，利用香水湾大道连接香水湾公园。于富力湾西侧改造平交口，利用已有道路连接香水湾旅游度假区、水口庙，先后途径移辇村、岭头村至卜吉村，继而路线沿规划线位，避让基本农田布设，接至规划滨河北路交叉口，连接知音桥和椰子岛景区。路线利用已建安马大桥、滨河南路连接陵水县苏维埃政府旧址，至卓载村东侧。随后路线按照规划黎安北路线位布设，接至黎安镇后岭村，连接海洋世界，辐射港门岭公园。之后，路线沿黎安港西北侧新建道路，布设跨越鱼塘的桥梁，先后经灶仔村、文墩村，在外围绕避陵水红树林国家湿地公园，连接南湾猴岛旅游区、疍家渔排、三江古庙，至长坡村，利用清水湾大道串联英州镇清水湾旅游区。路线在赤岭村处新建道路至本段终点（与土福路平交），随后沿既有道路顺接至三亚段起点（椰州路），如图5-32所示。

乡镇级控制点包括：光坡镇、椰林镇、三才镇、新村镇、英州镇。

5.2.6 三亚段

三亚市位于海南岛的最南端，地理环境极为独特，是国内唯一一个可以同时领略热带雨林和海洋风光的城市。城市三面环山，形成怀抱之势，山、海、河三种美景自然融合，众多山头也提供了眺望大海、河湾和城市景观的制高点。海水清澈、能见度高，水温适中，全年适合游泳；市区有三亚东、西两条河流穿城而过，两岸自然生长的红树林绿影婆娑，四季

5 国家海岸1号旅游公路选线设计

图 5-32 海南环岛旅游公路(陵水段)线位图

常青,生机盎然,是著名的白鹭栖息之地。三亚的旅游产业发达,廊道内主要旅游景点有海南槟榔谷黎苗文化旅游区、藤桥墓群、蜈支洲岛、亚特兰蒂斯水世界、水稻公园、亚龙湾热带天堂森林公园、海底世界、亚龙湾国家旅游度假区、凤凰岭海誓山盟景区、大东海旅游区、鹿回头景区、凤凰岛、西岛旅游区、椰梦长廊、大小洞天、南山文化旅游区、天涯海角、南天热带植物园、崖城学宫等。美丽的自然风光,优良的生态环境,造就了三亚人居、旅游、度假的美丽天堂,如图5-33~图5-38所示。

图5-33 天涯海角景区

图5-34 三亚南山景区

图5-35 崖城学宫

图5-36 凤凰岛

图5-37 椰梦长廊

图5-38 免税城

海南环岛旅游公路(三亚段)沿线旅游资源分布,见表5-7。

海南环岛旅游公路(三亚段)沿线旅游资源 表5-7

道路	内海	岬角	入海口	海湾	保护区	滨海景区、名胜	特色小镇等
椰州路、藤桥路	—	—	藤桥东河	土福湾	—	海南槟榔谷黎苗文化旅游区、藤桥墓群	三亚国际免税城(cfd, contracts for difference)
海棠路	—	后海角	—	海棠湾	三亚市铁炉港红树林自然保护区	蜈支洲岛、亚特兰蒂斯水世界、水稻公园	亚特兰蒂斯水世界、三亚海昌梦幻海洋不夜城
竹落岭路	铁炉港	—	—	亚龙湾	—	亚龙湾热带天堂森林公园、海底世界	—
亚龙湾路、大安岭路	—	—	—	亚龙湾	青梅港红树林自然保护区	亚龙湾国家旅游度假区	—
榆亚路	—	—	—	榆林湾	—	凤凰岭海誓山盟景区、大东海旅游区	—
鹿岭路、小东海路、鹿回头路	三亚河	三亚角、鹿回头角、打浪角、东海角	三亚河入海口	榆林湾	三亚国家湿地公园	鹿回头景区、凤凰岛	—
三亚湾路	—	—	—	三亚湾	—	西岛旅游区、椰梦长廊	—
海榆西线	担油港	—	—	崖州湾	—	大小洞天、南山文化旅游区、天涯海角、南天热带植物园、崖城学宫	—

海南环岛旅游公路(三亚段)全部由利用道路组成,均为景区路段,旨在串联滨海廊道内的景区,总长131.5km。包括椰州路、藤桥路、海棠路、竹落岭路、亚龙湾路、大安岭路、榆亚路、鹿岭路、小东海路、鹿回头路、三亚湾路、海榆西线等,如图5-39所示。

乡镇级控制点包括:海棠湾镇、吉阳镇、凤凰镇、天涯镇、崖城镇。

5.2.7 乐东段

乐东县位于海南岛西南部,毗邻三亚,属热带气候,旅游资源丰富,素有"旅游胜地""腰果之乡""中国香蕉之乡""天然温室""热作宝地""绿色宝库"等美称。全域山海河田组合资源丰富。廊道内有龙栖湾、龙腾湾、龙沐湾等多处滨海旅游景点;有明代龙窑遗址、莺歌海盐场、莺歌咀灯塔等自然人文景观;有莺歌小镇等滨海特色小镇,旅游资源丰富多彩。如图5-40~图5-43所示。

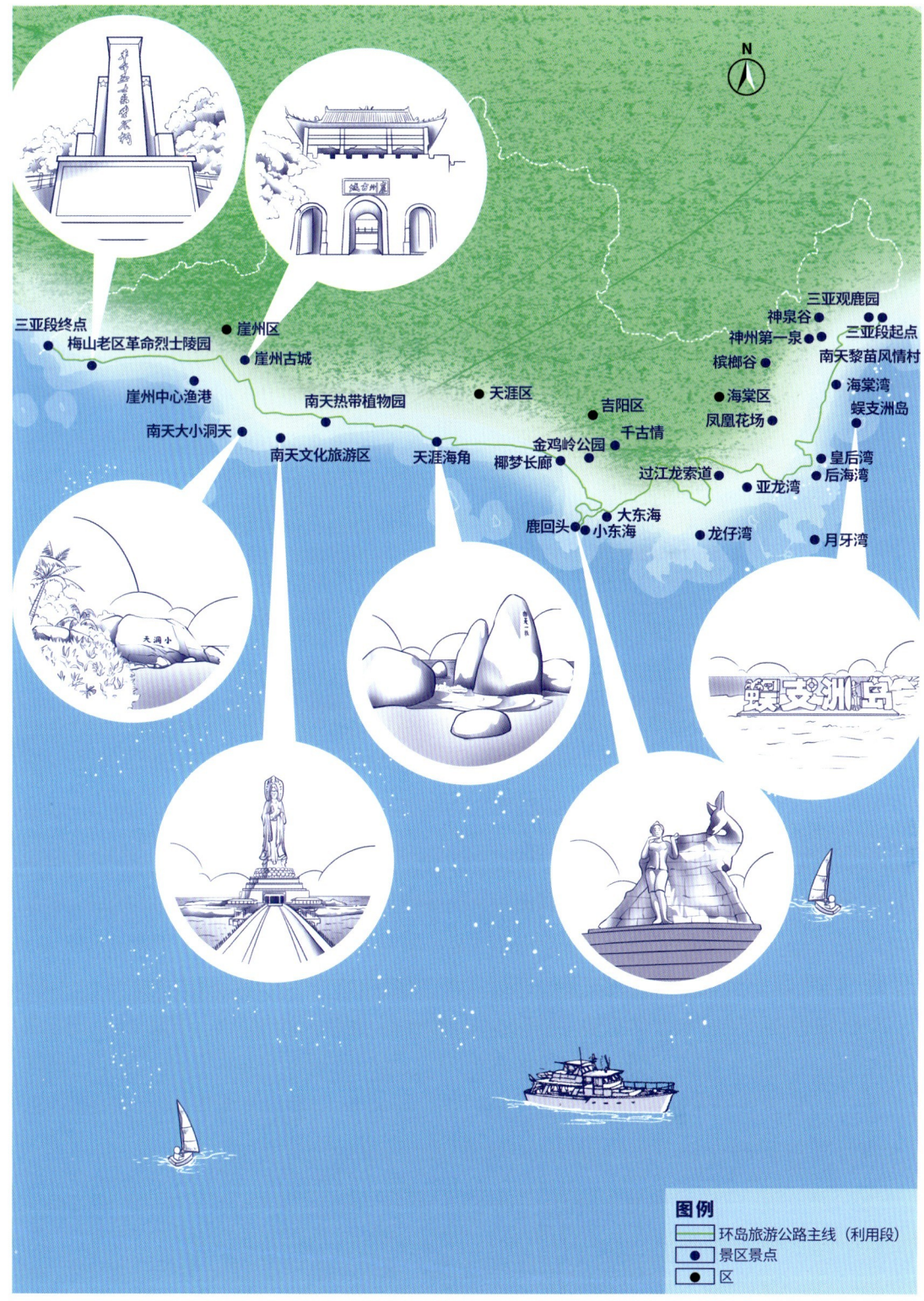

图 5-39　海南环岛旅游公路(三亚段)线位图

图 5-40　龙沐湾

图 5-41　天空之镜

图 5-42　莺歌海盐场

图 5-43　莺歌小镇

海南环岛旅游公路(乐东段)沿线旅游资源分布,见表 5-8。

海南环岛旅游公路(乐东段)沿线资源　　　　表 5-8

道路	内海	岬角	入海口	海湾	保护区	滨海景区、名胜	特色小镇等
梅山中心大道	—	—	抱套河	龙栖湾、东罗湾	—	—	—
旅游公路	—	—	望楼河	龙腾湾	—	龙腾湾、明代龙窑遗址	—
	莺歌海	—	莺歌海	莺歌海湾	—	莺歌海盐场、莺歌咀灯塔	莺歌小镇
	—	—	—	龙沐湾	—	龙沐湾国际旅游度假区	—

廊道内有防风林路段、湿地路段、田园路段、城镇旅游区路段。防风林路段综合考虑林间道路的利用与观海的关系,增设观海通道直达海滨,因地制宜地设置 S 形曲线增加驾驶体验;红树林湿地路段采用绕避策略;鱼塘湿地路段,根据实施难度,深入穿越和曲线绕避相结合;其他景观路段主要是过境交通,进行一般设计。

海南环岛旅游公路(乐东段)总里程 62.359km。其中新改建 53.772km,利用 8.587km。路线起点在长园湾附近接国道 G225 海榆西线乐东与三亚交界处,利用梅山中心大道连接龙栖湾,在老高园附近转向南进入乐东滨海防风林及湿地带,新建道路至上港附近,之后沿利用乐东环岛旅游公路走廊前行,在莺歌海盐场附近局部改造利用 X780,丰塘村附近复向西拐入滨海防风林及田园风光带,跨越白沙港、岭头湾入海口,串联龙沐湾国际旅游度假区,终点位于双沟湾双沟村附近,与东方段线位连接,如图 5-44 所示。

国家海岸1号旅游公路设计理论与实践

图 5-44　海南环岛旅游公路(乐东段)线位图

> 72

乡镇级控制点包括：九所镇、利国镇、黄流镇、莺歌海镇、佛罗镇、尖峰镇。

5.2.8 东方段

东方市地处海南省西南部，属热带季风海洋性气候，物华天宝，奇珍异禽。酸豆青梅，沉香花梨，珍奇林木数百种。海南最大的热带平原——百万亩感恩平原得天独厚；阳光、海水、沙滩、绿色、空气生态旅游五大要素兼备，全域山海、江湖、温泉、热带雨林旅游资源异常丰富；廊道内有金月湾滨海度假区、风车海岸、鱼鳞洲景区、八所滨海公园、汉马伏波井、解放海南烈士陵园、鱼鳞洲灯塔等自然与人文景观，如图5-45～图5-48所示。

图5-45 鱼鳞洲景区

图5-46 黑脸琵鹭自然保护区

图5-47 双沟湾

图5-48 风车海岸

海南环岛旅游公路(东方段)沿线旅游资源分布，见表5-9。

海南环岛旅游公路(东方段)沿线资源　　　　表5-9

道路	内海	岬角	入海口	海湾	保护区	滨海景区、名胜	特色小镇等
旅游公路	—	感恩角	—	双沟湾	—	金月湾滨海度假区、风车海岸	金月湾椰海小镇
海榆西线	—	—	—	—	—	—	—
旅游公路	通天港	—	通天河	—	—	—	—

续上表

道路	内海	岬角	入海口	海湾	保护区	滨海景区、名胜	特色小镇等
疏港三路	罗带河	鱼鳞角	—	面前海湾	—	鱼鳞洲景区、八所滨海公园、汉马伏波井、解放海南烈士陵园、鱼鳞洲灯塔	—
旅游公路	—	—	昌化江	—	黑脸琵鹭自然保护区	防风林	—

廊道内具有典型的风车路段、防风林路段、湿地路段、田园路段、河口路段、城镇及旅游区路段。风车路段综合考虑检修道路的利用与观赏位置的关系，因地制宜地设置 S 形曲线增加驾驶体验；河口路段考虑入海口处淤积对景观效果的影响以及造价因素，偏移线位绕行，同时减少桥梁的规模；黑脸琵鹭自然保护区路段设置四更支线，曲线绕避；鱼塘湿地路段，根据实施难度，深入穿越和曲线绕避相结合；防风林路段利用林区道路适度拓宽，因地制宜地设置 S 形曲线增加驾驶体验，增设观海通道直达海滨；其他景观路段主要是过境交通进行一般设计。

海南环岛旅游公路（东方段）主线路线全长 74.281km，新建 36.967km，改建 13.821km，利用 23.493km。起点在双沟村南侧，东方市与乐东县交界处，然后路线沿着海岸线布设，从下园村西侧经过，随后设置南港河大桥跨越南港河，路线继续沿着海岸线布设，然后经过感城镇西侧，设置感城港大桥跨越感恩河，此路段遍布风车，为重点打造路段；经过入学村后，利用现有的 G225 国道，后从北沟场村附近向西折向海边，沿海岸线布线，经过新村，设置通天河大桥跨越通天河，沿海岸线继续延伸利用在建滨海南路；从滨海南路开始，利用现有解放西路、友谊北路、滨海北路等市政路和省道 S218 英八线，连接鱼鳞洲风景区、八所滨海公园、汉马伏波井、解放海南烈士陵园；从琼西中学交叉口开始，沿着现有的县道 X745 进行改建，最后在酸梅村附近接海南环岛旅游公路昌江段，如图 5-49 所示。

乡镇级控制点包括：板桥镇、感城镇、八所镇、新龙镇、四更镇。

5.2.9 昌江段

昌江县位于海南岛的西北偏西部，背山面海，东与白沙县毗邻，东北部隔珠碧江同白沙县、儋州市相望，南与乐东县接壤，西南与东方市以昌化江为河界，西北濒临北部湾。昌江县境内旅游资源丰富。既有雄奇的高山，又有秀丽的大海；既有热带旖旎的风光，更有古朴的民族风情。廊道范围内有丰富的历史文化古迹，如昌化古城、峻灵王庙、昌化古庙等；有秀美的风光美景，如棋子湾旅游度假区、海尾湿地公园；有不乏多彩的人文情怀令人流连，如昌化滨海渔村风情小镇、海尾渔业风情小镇、沙鱼塘小渔村等；还有现代的新能源设施——昌江核电站，让人感叹科技的伟大，如图 5-50 ~ 图 5-53 所示。

国家海岸1号旅游公路选线设计 ◁ 5

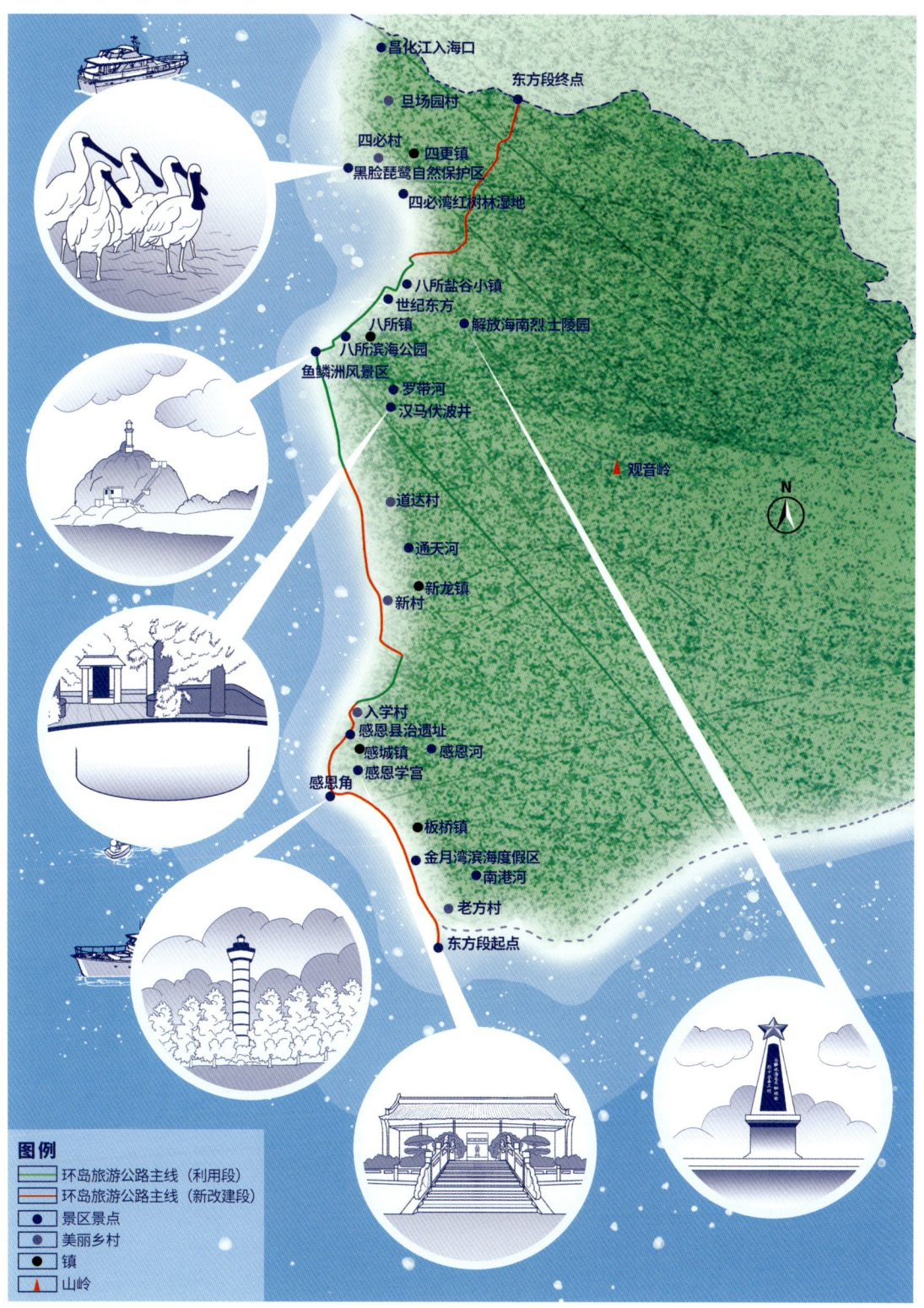

图 5-49　海南环岛旅游公路（东方段）线位图

图 5-50　昌化古庙

图 5-51　棋子湾风景区

图 5-52　峻壁角

图 5-53　海尾湿地公园

海南环岛旅游公路(昌江段)沿线旅游资源分布,见表 5-10。

海南环岛旅游公路(昌江段)沿线资源　　　　表 5-10

道路	内海	岬角	入海口	海湾	保护区	滨海景区、名胜	特色小镇等
旅游公路	—	—	昌化江	—	—	—	—
峻灵路	—	—	—	—	—	昌化古庙	昌化镇
广德路	—	峻壁角	—	—	—	—	—
天元路、北斗东路	—	—	—	棋子湾	—	棋子湾风景区	—
旅游公路	—	—	珠碧江	海尾湾	海尾湿地公园	昌江核电站	海尾镇

廊道内主要涉及湿地路段、城镇风景区路段以及田园路段,其中观海大桥附近广布鱼塘和红树林湿地,鱼塘湿地路段根据实施难度,深入穿越和曲线绕避相结合,红树林湿地路段采用桥梁穿越,并注重其景观和观景效果;海尾国家湿地公园路段采用绕避策略;沙鱼塘村紧邻大海,风景秀丽,设置沙鱼塘村支线;其他景观路段主要是过境交通,进行一般设计。

海南环岛旅游公路(昌江段)路线全长 51.948km,其中,新建里程 27.206km,改建里程 12.773km,利用里程 11.969km。环岛旅游公路昌江段起点位于三家镇附近,衔接环岛旅游公路东方段终点,新建三家昌化江大桥,途经大风村、耐村,然后沿着省道 S311 改建和利用棋子湾旅游公路,经过昌城村、昌化镇,连接棋子湾旅游度假区,继续向东北方向前行,经过沙鱼塘村和沙地村,穿越防风林,途经进董村,利用海尾镇镇区规划主干道走廊带穿越海尾镇,绕避国家海尾湿地公园,往东南侧约距核电站 600m 左右绕行,接既有县道 X701,沿县道 X701 往海头镇方向前行,终点衔接珠碧江大桥引道位于南罗村附近,如图 5-54 所示。

5 国家海岸1号旅游公路选线设计

图 5-54 海南环岛旅游公路(昌江段)线位图

乡镇级控制点包括：昌化镇、海尾镇。

5.2.10 儋州段

儋州市地处海南岛西北部，毗邻北部湾。古有"天堂春色、马井涌泉、龙门激浪、笔架笼烟、颜塘漾月、松林晚翠、旧州西照、载酒南薰"八景。现有东坡书院、蓝洋温泉、热带植物园、松涛水库、石花水洞等著名旅游景点。儋州历史文化资源十分丰富，被誉为"全国诗词之乡""中国楹联之乡""中国民间艺术之乡"以及"诗乡歌海"等。廊道内景观资源十分丰富，具有重要旅游价值的自然景观有：叶榕海滩、火山海岸、龙门激浪、兵马角、鱼骨港、神冲港、新英红树林、新盈红树林、发电风车、光村银滩等；具有重要旅游价值的人文景观有：洋浦盐田、海花岛、航标灯塔、光村雪茄风情小镇等，如图5-55～图5-60所示。

图5-55 火山海岸

图5-56 龙门激浪

图5-57 海花岛

图5-58 洋浦盐田

图5-59 新盈红树林自然保护区

图5-60 新英红树林自然保护区

海南环岛旅游公路(儋州段)沿线旅游资源分布,见表 5-11。

海南环岛旅游公路(儋州段)沿线旅游资源 表 5-11

道路	内海	岬角	入海口	海湾	保护区	滨海景区、名胜	特色小镇等
旅游公路	海头港	—		双塘湾			
	—	观音角	—	—		观音角灯塔、叶榕海滩	—
滨海大道	—	—		北部湾		海花岛	海花岛
洋浦大桥	—	—	洋浦港	洋浦湾	—	伏波古庙、儋州故城	—
公园路	新英港	—	—	儋州湾	新英湾红树林自然保护区	儋州千年古盐田、滨海公园	—
旅游公路	盐丁港	兵马角	—	峨蔓港	—	峨蔓镇火山海岸地质公园、龙门激浪	—
	顿积港	—	—	后水湾	新盈红树林国家湿地公园	—	光村雪茄风情小镇

廊道内主要涉及湿地路段和城镇风景区路段、田园路段、河口路段。其中峨蔓镇鱼骨港、盛羊角路段、光村镇新丰村分布有鱼塘湿地和浅滩红树林湿地等,通过穿越、迂回绕行、架桥、利用原有道路提升改造相互结合方式合理选线;景观丰富路段的线位选择要为海侧预留步行道和观景台空间,有利于景观及旅游服务设施的整体打造;新盈国家红树林湿地公园路段采用绕避策略;设置珠碧江大桥跨越珠碧江,并考虑一定的景观效果;其他景观路段主要是过境交通,进行一般设计。

海南环岛旅游公路(儋州段)主线全长 118.688km,其中新改建 91.983km,利用 26.705km。路线起点在海头镇附近接珠碧江大桥北侧,沿县道 X504 前进;在白沙地村附近拐入海岸带沿防风林边缘或湿地(虾塘)新建道路;从排浦镇开始,利用现有滨海公路、市政道路及省道 S308,串联观音角灯塔、叶榕海滩、海花岛、伏波古庙、洋浦古盐田、滨海公园、白马井镇、儋州故城,在洋浦开发区附近洋地村至山塘村沿洋浦开发区规划线位东面 250m 附近布线;后经峨蔓镇规划西侧外围、龙门激浪规划区东侧外围布设。长沙村—盛羊角—鱼骨港段穿越近海湿地、跨越入海口,为重点观海带。沿海岸带附近依次经过新黎村、美龙村、新风基村红树林湿地外围,绕避新盈红树林国家湿地公园,跨越光村河入海口在光村北侧接规划及在建道路,终点位于儋州与临高交界处彩桥村附近,如图 5-61 所示。

乡镇级控制点包括:海头镇、排浦镇、白马井镇、峨蔓镇、木棠镇、光村镇。

5.2.11 临高段

临高县位于海南岛西北部,西靠澄迈,东接儋州,西北濒临北部湾,北临琼州海峡,是海南西部唯一一个集红色经典与现代滨海旅游为一体的旅游度假胜地,拥有优越的沙滩、海水、

国家海岸1号旅游公路设计理论与实践

图 5-61 海南环岛旅游公路(儋州段)线位图

气候等资源。廊道内有彩桥红树林自然保护区、马袅湾海滨国际旅游区、临高角风景名胜区。临高角岸千米海滩，海水澄澈，白沙洁柔，椰林洒绿，阳光充足，是海南西海岸的优良天然泳场之一；百年历史的临高角古灯塔是著名的国际航标；作为解放海南渡海登陆战的重要登陆点之一，临高角一直以来都是海南红色景区的典型代表，如图5-62～图5-65所示。

图5-62　彩桥红树林自然保护区

图5-63　龙楼古盐田

图5-64　临高角风景名胜区

图5-65　临高角灯塔

海南环岛旅游公路(临高段)沿线旅游资源分布，见表5-12。

海南环岛旅游公路(临高段)沿线资源　　　　　　　表5-12

道路	内海	岬角	入海口	海湾	保护区	滨海景区、名胜	特色小镇等
旅游公路	头咀港	—	—	—	彩桥红树林自然保护区	—	新盈渔家风情小镇
	黄龙港	—	—	—	—	—	龙楼古盐田
	—	—	—	—	—	—	调楼渔业风情小镇
	博铺港	临高角	文澜江	—	—	临高角风景名胜区、临高角灯塔	东英镇滨海休闲渔业小镇
滨海大道、市政大道、金澜大道	马袅港	—	—	马袅湾	白蝶贝保护区	马袅湾海滨国际旅游区	—

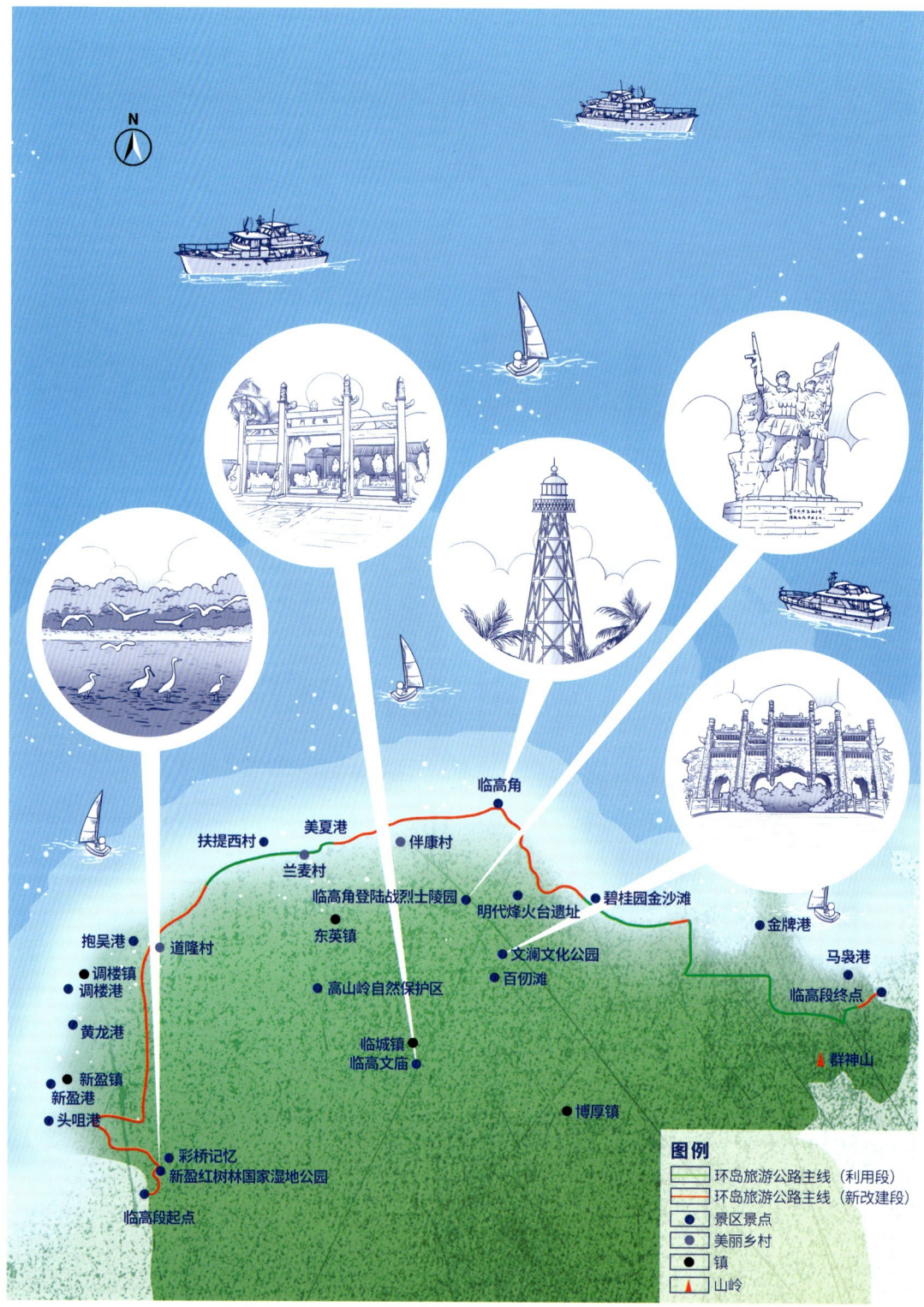

图 5-66 海南环岛旅游公路(临高段)线位图

廊道内主要涉及湿地路段和城镇风景区路段、河口路段和田园路段。彩桥红树林自然保护区路段采用绕避策略；在文澜江出海口位置，设置文澜江大桥，充分考虑桥梁的景观效果和规模；其他景观路段主要是过境交通，进行一般设计。

海南环岛旅游公路（临高段）路线全长58.036km，其中新建26.586km，改建8.875km，利用22.576km。起点接环岛旅游公路儋州段终点彩桥村附近，从彩桥村南侧绕避彩桥红树林自然保护区，接规划的新盈疏港大道，沿疏港大道前行，接黄龙大道规划线，途径新盈、调楼；在美夏港附近靠近滨海海岸带，经临高角风景名胜区，沿富力规划道路穿越后设置文澜江大桥跨越文澜江；沿碧桂园现有市政道路、金牌西港金澜大道前行，从马袅湾南侧外围利用金澜大道与在建的规划道路通过，在马袅湾中兴村附近与环岛旅游公路澄迈段相接，如图5-66所示。

乡镇级控制点包括：新盈镇、调楼镇、东英镇、临城镇、博厚镇。

5.2.12 澄迈段

澄迈县位于海南岛的西北部，背山面海，北临琼州海峡，隔海与雷州半岛相望，东接海口市、定安县，西靠临高县、儋州市，南接屯昌县、琼中县。廊道范围内有丰富的历史文化古迹，如永庆寺、老城老街等；有秀美的风光美景，如红树湾湿地公园、沙土湾金沙滩、雷公岛；有现代的休闲设施，如台湾风情小镇、理善渔港、包岸渔港等；还有不乏多彩的人文情怀令人流连，如驰名海内外的福山咖啡、红坎岭陶艺园。此外，还具有丰富的红色旅游资源，如：盐丁革命根据地纪念碑、马白山纪念园、玉包港登陆作战纪念碑等，如图5-67~图5-70所示。

图5-67　红树湾湿地公园

图5-68　永庆寺

图5-69　花场湾红树林保护区

图5-70　玉包港

海南环岛旅游公路（澄迈段）沿线旅游资源分布，见表 5-13。

海南环岛旅游公路（澄迈段）沿线资源　　　　　　　　表 5-13

道路	内海	岬角	入海口	海湾	保护区	滨海景区、名胜	特色小镇等
旅游公路	—	道伦角	—	—	—	雷公岛	善渔港、包岸渔港
	—	—	—	—	—	玉包纪念广场	台湾风情小镇
	—	—	—	澄迈湾	—	沙土湾、红坎岭陶艺园	桥头农业小镇
	—	—	—	澄迈湾	红树湾红树林湿地公园	—	—
	—	—	—	澄迈湾	—	盐丁革命根据地纪念碑	
金马大道	—	—	—	澄迈湾	—	马白山将军纪念园、封平约亭	大丰归侨文化小镇
北二环路	—	—	—	澄迈湾	—	—	东水港村
鲁能大道	—	—	—	澄迈湾	—	—	老城生态软件园
永庆大道	东水港	—	—	澄迈湾	—	盈滨半岛旅游区、永庆寺	

廊道内主要涉及田园路段、城镇路段。桥头镇路段周边具有大面积农田，地势平坦，视野开阔，采用大弧度平面曲线打造穿越腹地田园的景观效果，丰富道路行驶乐趣；其他景观路段主要是过境交通进行一般设计。

海南环岛旅游公路（澄迈段）路线全长 47.126km，其中新建 17.856km，改建 8.519km，利用 20.751km。路线起点接临高段终点马袅湾中兴村附近，沿海岸带布设，改建利用包岸港临海侧道路、玉包港村外围、玉包纪念广场登陆点南侧外围道路；途经桥头镇东侧红坎岭陶艺园、昌堂村地瓜文化馆；从马村港外围富力红树湾改建利用现有道路穿越，连接盐丁革命根据地纪念碑；通过金马大道、省道 S208 及市政道路连接马白山将军纪念园、封平约亭、盈滨半岛旅游区，终点位于老城镇与海口界限接永庆大道，如图 5-71 所示。

乡镇级控制点包括：桥头镇、老城镇。

5 国家海岸1号旅游公路选线设计

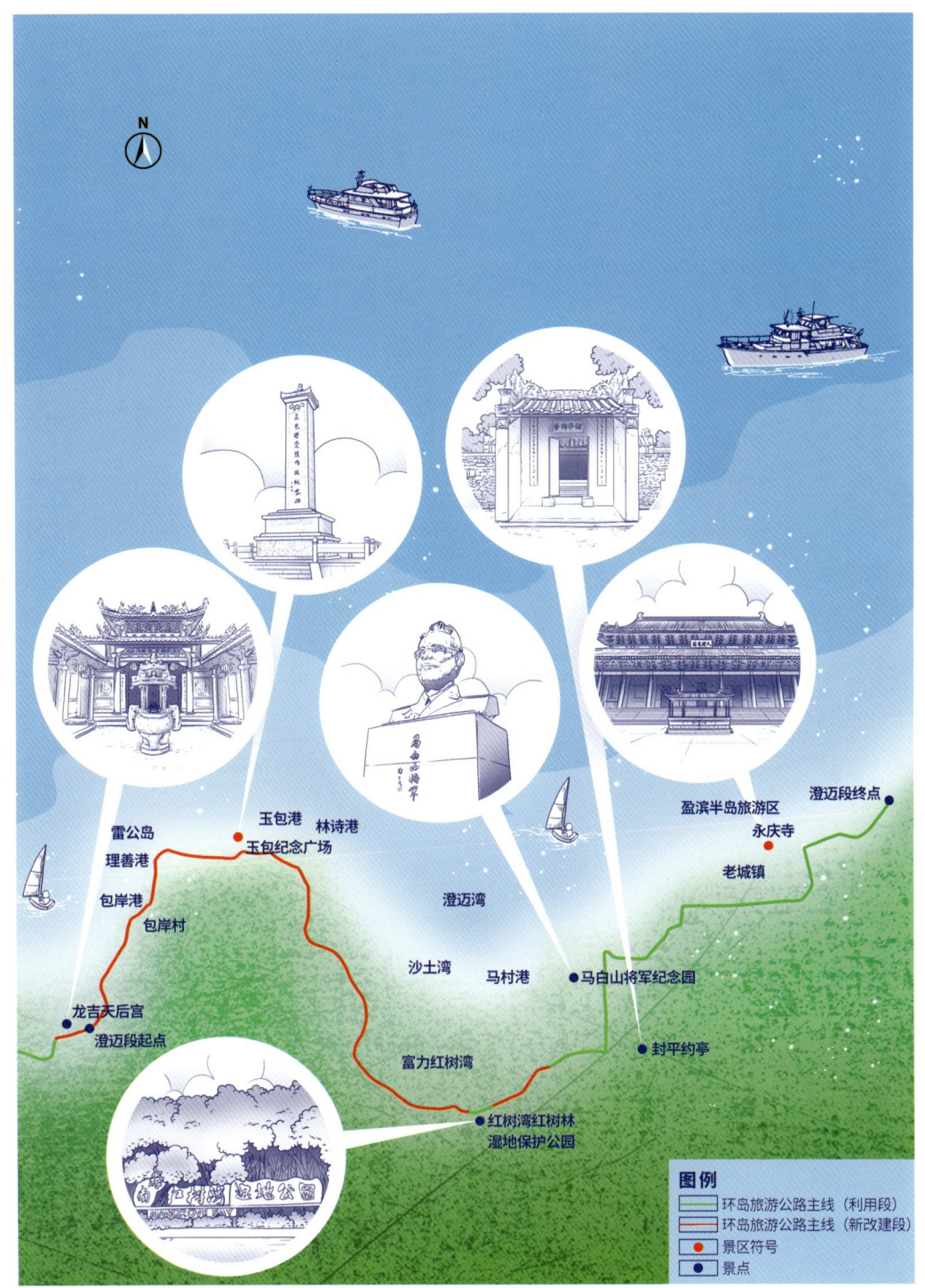

图 5-71 海南环岛旅游公路（澄迈段）线位图

| 85

CHAPTER SIX

6 国家海岸1号旅游公路设计关键指标

旅游公路具有交通运输和景观欣赏双重功能,公路设计理论是其核心的理论,速度指标、建筑限界、设计荷载等控制要素应根据旅游特性进行选取。根据串联的景观区域特点灵活设置路线线形(图6-1、图6-2),同时增强沿线景观通透性,既丰富沿线景观,也避免长时间直线驾驶造成注意力分散和驾车疲劳。设计车速不宜过快,在保证行车安全的前提下,使游客放松身心,慢行观赏、体验沿线风景。

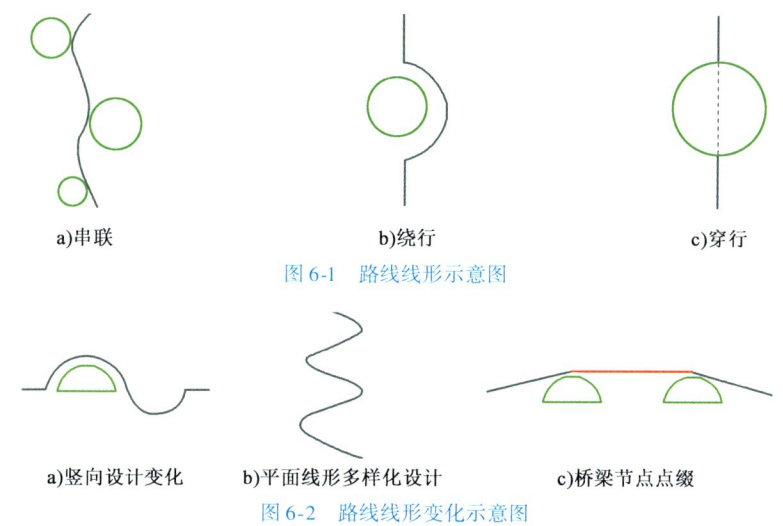

a)串联　　　　　　b)绕行　　　　　　c)穿行

图6-1　路线线形示意图

a)竖向设计变化　　b)平面线形多样化设计　　c)桥梁节点点缀

图6-2　路线线形变化示意图

旅游公路多经过悬崖、山地、海(河)堤、防风林、生态敏感区等区域,路基宽度设计除了考虑道路的交通量、车辆类型、车速以及道路的功能等因素,还应根据观景的特点因地制宜地设置骑行道、步行道等。

在旅游公路设计中,路面及交通安全设施也是道路景观重要的组成要素,其常常被设计者所忽视。

本章主要基于海南省环岛旅游公路的特点进行设计控制要素的研究及阐述；针对海南地形地质条件、气候及交通组成特点，分析路线设计中以载客汽车行驶特性为主相适应的平、纵、横主要指标的建议采用值；并研究满足相应荷载要求和行车安全的前提下，具有一定耐久性要求、色彩与自然景观相协调的路面铺装形式；根据不同的陆域特点选择与自然环境融合性更好的交通安全设施。

6.1 旅游公路控制要素

6.1.1 设计车辆标准选择

根据旅游价值的高低和旅游公路等级的不同，交通组成主要有以下 3 种：

（1）B 级旅游公路，专供汽车分向、分车道行驶，交通组成以客车为主，混有少量的货车，道路功能主要以通行为主。

（2）A 级旅游公路在远离城镇且旅游价值较低的路段，交通组成以大客车和小客车为主，混有少量的行人和自行车。

（3）A 级旅游公路在旅游价值较高的路段，交通组成以行人和自行车、小客车、大客车为主。交通速度较慢，设置慢行道系统，游客主要以欣赏景观和休憩娱乐为主。

根据对旅游公路交通组成及特点的分析，可以确定旅游公路上行驶的机动车基本为小客车和大客车，而小客车各方面性能要优于大客车，因此，本书采用大客车作为代表车型，对平纵面指标进行分析。

6.1.2 设计速度指标选择

设计速度是公路设计时确定几何线形的基本要素，也是最关键的参数。其取值的重点是要与旅游公路的旅游价值相适应，需要考虑行车的安全性、环境的协调性以及沿线的地形、地貌、地质条件等因素。

旅游公路的设计速度需与旅游公路的分级（旅游价值）相适应。为了使旅游者能更好地品赏旅游公路的沿线及可视范围内的旅游风景及特色，最大限度地实现旅游公路的旅游价值，在旅游价值越高的区域需要较低的行车速度，反之应提高行车速度。目前国内外旅游公路没有统一标准的设计速度指标，在沿线旅游价值高的区域，游客心里可接受的行车速度指标较为宽泛。此外，设计速度还应与沿线地形、地貌和地质条件相适应，并与设计线形相结合。

（1）针对海南 A 级旅游公路的设计速度，建议最高取 60km/h，最低设计速度取 20km/h。

不同速度连接段,为保证行车安全应做好速度变化衔接与提示。

(2)针对海南 B 级旅游公路的设计速度,建议最高取 80km/h,最低取 60km/h。旅游价值较高或受自然环境约束路段,为使旅游者感受旅游价值、减少建设成本,设计时可采用小客车和大客车或货车分离式设计。

为此,海南环岛旅游公路设计速度指标建议值如表6-1所示。

海南环岛旅游公路设计速度指标　　　　表 6-1

旅游公路级别	A 级旅游公路				B 级旅游公路	
设计速度(km/h)	60	40	30	20	80	60

6.1.3 建筑限界指标选择

确定建筑限界指标涉及的因素主要有旅游公路分级、沿线地形、地貌、旅游流(机动车和非机动车流)的构成和种类及沿线景观等,同时需要综合考虑观景台、停车区等休憩场所的特点进行建筑限界划分。建筑限界的宽度主要由以下几个部分组成:行车道宽、路肩宽、侧向宽度(安全余宽)、中间带宽。如自行车道与行车道并列的还需考虑自行车道宽等;建筑限界的高度主要指允许通行的车型最大高度值再加上安全高度值。

(1)A 级旅游公路服务的是中型汽车及以下的车型(小客车),沿线设计速度不等。所以,A 级旅游公路的建筑限界全线可以统一,宽度应根据设计速度不同取用对应值。

如自行车道与机动车道整体设置,建筑限界应考虑自行车道的宽度;如分离设置,则需单独界定。如需设置观景台、休憩场所、停车区等,以满足旅行者观光与休闲需求,A 级旅游公路需要对有个别需求路段的建筑限界进行单独设计。

(2)B 级旅游公路建筑限界的高度,如沿线根据设计速度,客货车道不采取分离设计,整个沿线建筑限界高度应按货车的高度限定;如客货车道采取分离设计,建筑限界的高度应分别按中型汽车高度和货车高度限定。建筑限界的宽度,按客货车道是否分离进行单独界定。

6.1.4 设计荷载标准选择

海南环岛旅游公路设计荷载标准参照《公路工程技术标准》(JTG B01)确定如下:

(1)旅游公路路面结构设计应采用双轮组单荷载 100kN 作为标准轴载,轮胎接地压强应采用 0.7MPa。

(2)旅游公路桥涵设计荷载等级和人群荷载标准为:

①A 级旅游公路服务的车辆种类以小客车和中型车为主,汽车荷载等级一般采用公路-Ⅱ级,重要结构物经论证可采用公路-Ⅰ级。

②B 级旅游公路服务的车辆种类除以小客车和中型车为主外,大型车甚至拖挂车也会存在,汽车荷载等级采用公路-Ⅰ级。

③自行车和人行专用桥梁采用的荷载标准值不应小于3.5kN/m²。

6.1.5 设计洪水频率标准选择

路基和桥涵设计洪水频率参照《公路工程技术标准》（JTG B01）确定，见表6-2。

公路设计洪水频率　　　　　　　　　　　　　　　　　　表6-2

防护等级	公路等级	设计洪水频率				
		路基	桥梁、涵洞			
			特大桥	大、中桥	小桥	涵洞及小型排水构造物
Ⅰ	高速公路	1/100	1/300	1/100	1/100	1/100
	一级公路	1/100	1/300	1/100	1/100	1/100
Ⅱ	二级公路	1/50	1/100	1/100	1/50	1/50
Ⅲ	三级公路	1/25	1/100	1/50	1/25	1/25
Ⅳ	四级公路	按具体情况确定	1/100	1/50	1/25	不作规定

设计速度大于等于40km/h的A级旅游公路，路基和桥涵建议采用Ⅱ级防洪等级；设计速度小于40km/h的A级旅游公路，路基和桥涵建议采用Ⅲ级防洪等级，旅游价值较高或重要路段可提高至Ⅱ级防洪等级；设计速度20km/h或以下时，路基和桥涵根据具体情况可采用Ⅳ级防洪等级。B级旅游公路路基和桥涵建议不低于Ⅱ级防洪等级，四车道B级旅游公路有条件的情况下建议采用Ⅰ级防洪等级，见表6-3。

海南环岛旅游公路设计防洪等级　　　　　　　　　　　　表6-3

旅游公路级别	A级旅游公路				B级旅游公路	
设计速度（km/h）	60	40	30	20	80	60
防洪等级	Ⅱ级	Ⅱ级	Ⅱ、Ⅲ级	Ⅳ级	Ⅰ、Ⅱ级	Ⅰ、Ⅱ级

6.2 平面设计指标

平面线形是公路路线设计中的主要部分，直接影响纵断面、横断面及其综合设计，是保证行车安全舒适，控制工程及投资规模的重要因素，以下将基于海南环岛旅游公路轻型交通的特点，重点分析确定圆曲线的最小半径。

6.2.1 圆曲线最小半径确定的原则

圆曲线最小半径主要从行驶的安全性、舒适性考虑，针对不同设计速度和超高横坡横向力系数的研究来确定的。同一车速条件下，平曲线曲率半径越小，汽车离心力越大，由于离心力的作用，汽车将产生横向倾覆或侧向滑移的趋势。因此，为保证行驶安全，对曲

线最小半径有如下规定:

$$R \geqslant \frac{v^2}{127(\mu \pm i)}$$

式中:R——平曲线半径(m);

v——速度值(km/h);

μ——横向力系数,极限值为路面与轮胎之间的横向摩阻系数;

i——路拱横坡度(%),当车辆行驶在曲线内侧时取"+",外侧时取"-"。

该公式中,v 和 i 取值比较明确,v 根据不同旅游价值的设计速度确定,超高值 i 采用《公路路线设计规范》(JTG D20)中规定值,只有横向力系数 μ 的取值是可变的,其取值主要考虑汽车横向稳定性、能源消耗、乘客舒适程度等三方面因素。

6.2.2 圆曲线最小半径极限值的确定

横向力系数的大小直接影响乘车人的舒适感,参照《公路工程技术标准》(JTG B01)中横向力系数采用值,对于大客车而言,该取值有增大 0.01~0.02 的可能性,但由于缺乏实际观测及分析研究,同时小客车的实际运行车速往往比设计车速要高,因此,考虑到旅游公路休闲、娱乐的特点,建议确定圆曲线最小半径极限值的横向力系数不超过 0.15,见表 6-4。

海南环岛旅游公路圆曲线极限最小半径　　　　表 6-4

设计速度 v(km/h)		80	60	40	30	20
横向力最大系数 μ		0.13	0.15	0.15	0.15	0.15
最小半径 (极限值)(m)	最大超高 (%)	$i=8$				
		250	125	55	30	15
		$i=6$				
		270	135	60	35	15
		$i=4$				
		—	150	70	40	20
		$i=2$				
		—	—	75	45	20

建议平面采用或接近极限最小半径值时,应加强交通安全设施的设计。

6.2.3 圆曲线最小半径一般值的确定

一般最小半径的横向力系数采用现行规范值,计算结果见表 6-5。

海南环岛旅游公路圆曲线一般最小半径计算表　　　　表 6-5

设计速度 v(km/h)	80	60	40	30	20
规范采用超高值(%)	8	8	8	8	8
横向力系数 μ	0.06	0.06	0.06	0.05	0.05
规范一般最小半径(m)	400	200	100	65	30

续上表

最小半径 (一般值) (m)	最大超高 (%)	$i=8$	360.0	202.5	90.0	54.5	24.2
		$i=6$	419.9	236.2	105.0	64.4	28.6
		$i=4$	—	283.5	126.0	78.7	35.0
		$i=2$	—	—	157.5	101.2	45.0

鉴于环岛旅游公路车辆运行速度会根据旅游价值高低而变化，分段选择不同的设计速度。因此，建议旅游公路圆曲线最小半径一般值与现行规范采用值保持一致。旅游价值较高路段车速受限，当采用6%以下最大超高值时，尽量采用表中的半径。

6.2.4 不设超高的圆曲线最小半径的确定

圆曲线半径大于一定数值时，车辆离心力很小，可以不设置超高，而允许设置等于直线路段路拱的反超高，仅靠轮胎与路面之间的横向摩阻力来抵消横向离心力，从行驶的舒适性考虑，必须把横向力系数控制到最小值，现有规范中横向力系数，在路拱坡度不大于2%时按0.035~0.040取用，在路拱坡度大于2%时按0.04~0.05取用。

考虑旅游公路的特性，建议旅游公路的不设超高的圆曲线最小半径与现行规范采用值保持一致，具体取值见表6-6。

海南环岛旅游公路不设超高的圆曲线最小半径　　表6-6

设计速度(km/h)		80	60	40	30	20
不设超高最小半径 (m)	路拱≤2%	2500	1500	600	350	150
	路拱>2%	3350	1900	800	450	200

6.3 纵面设计指标

合理选择旅游公路的纵面要素设计标准，使路线随地形起伏，不仅有利于保护沿线自然景观，提高驾驶乐趣，而且有利于降低汽车尾气排放，节约能源。

最大纵坡和竖曲线最小半径和最小长度指标的确定是根据日本、德国、美国等国家的相关设计标准以及我国的相关规定进行比较分析，并基于汽车行驶理论的动力性能对旅游公路代表车型大型客车在纵坡上的运行时的动力学性能进行理论推导，得到纵断面设计要素的技术指标。

6.3.1 基于汽车行驶特性的纵面设计要素分析

现行规范中的各种等级公路最大纵坡主要是考虑载重汽车的爬坡性能和公路通行能力。影响最大纵坡的主要因素有：

1)汽车动力性能

小客车的动力性能要优于大型客车,大型客车动力性能要优于大型货车。

2)设计速度

公路的设计速度越大,道路等级越高,交通量越大,就要求纵断面坡度越缓。

3)容许速度

小客车的容许速度按设计速度考虑折减 10~20km/h,大型货车的容许速度按 1/2~2/3 考虑。

相关文献资料显示,根据公路通行能力,公路达到基本通行能力(服务水平接近四级)时的运行速度一般是设计速度的 1/2,为保证公路基本通行能力,货车最低运行速度不能小于与基本通行能力相应的速度。

4)自然条件

道路所经地区的地形、海拔、温度、雨量等自然因素均影响汽车的行驶条件和爬坡能力,海南滨海公路沿线地形相对平坦、海拔较低,自然条件对爬坡能力的影响较小。

根据国内外研究资料显示,由于小客车性能的原因,在 4%~5% 的上坡段行驶,车速并不比在平路上低多少,因此,相对国内公路技术标准中所规定的最大纵坡控制值,海南环岛旅游公路有提高 2%~3% 的可能性,但具体纵坡控制数据,应通过理论计算和实际测试确定。本书以大客车为代表车型,进行基于汽车行驶理论的动力性能研究,分析适合海南环岛旅游公路的最大纵坡和坡长控制指标。

6.3.2 最大纵坡的确定

根据汽车动力学的有关理论,每一种车辆的运行速度都可以进行计算,通过对大客车行驶特性计算分析和实际调研,结果显示,大客车在设计速度不大于 60km/h 的情况下,在目前规范的最大纵坡范围内,大型客车爬坡基本不受坡长限制。

对最大纵坡的确定,在大客车行驶动力性能分析的基础上,综合国内外相关技术标准,根据区域地形、地貌特征灵活确定,海南环岛旅游公路最大纵坡建议值见表6-7。

海南环岛旅游公路最大纵坡(%) 表6-7

	运行速度 v(km/h)	80	60	40	30	20
B级旅游公路	平原区	5	6	—	—	—
	丘陵区	6	7	—	—	—
	山岭区	7	8	—	—	—

续上表

	运行速度 v(km/h)	80	60	40	30	20
A级旅游公路	平原区	—	7	8	9	10
	丘陵区	—	8	9	10	11
	山岭区	—	9	10	11	12

6.3.3 最大坡长的确定

考虑旅游公路均以轻型交通为主,且随着汽车工业的发展,汽车的爬坡和制动性能也不断提高,应赋予旅游公路设计者更加灵活的设计空间。

因此,对旅游公路坡长限制可不做具体规定,只要大型车的运行速度不低于容许最低速度,即不需要对坡长进行限制,具体设计过程中,可采用运行速度分析来灵活确定。

但为保证连续下坡的汽车制动安全,旅游公路线连续上坡(或下坡)路段,旅游公路设计的最大纵坡满足《公路工程技术标准》(JTG B01)的要求。

6.3.4 竖曲线最小半径和最小长度

旅游公路设计按小客车的特征确定停车视距。现行《公路工程技术标准》(JTG B01)基于小客车乘客的舒适感和驾驶员的视线考虑的是符合小客车行驶特性的最小凸型竖曲线半径。本书关于海南环岛旅游公路的竖曲线最小半径和最小长度指标一般情况下与现行规范一致;某些特定路段若需要体现山重水复,峰回路转,曲径通幽的氛围,对乘车舒适度要求不高的条件下,经旅游价值和安全论证,可采用极限最小半径或略低于极限最小半径的数值,但务必要做好交通工程和安全设计。

6.4 横断面设计指标

6.4.1 车道宽度

海南环岛旅游公路交通组成以客车为主,载重汽车为辅,本书根据旅游公路的设计交通量以及交通构成、旅游公路等级,根据设计速度分段确定通行能力和服务水平,以通行能力和服务水平作为选取车道数和横断面组成形式的重要指标,行车道宽度见表6-8。

海南环岛旅游公路车道最小宽度　　表6-8

设计速度 v(km/h)	80	60	40	30	20
一条机动车道宽度(m)	3.50	3.50	3.50	3.25	3.00

6.4.2 路肩宽度

海南环岛旅游公路新建段均为双车道,分为14.0m、12.0m、9.5m三种路面形式,路肩宽度见表6-9。

海南环岛旅游公路一般路肩宽度　　表6-9

限制条件	硬路肩(m)	土路肩(m)
人非混行需求较大	2.75	0.75
人非混行需求一般	1.75	0.75
用地受限	—	0.5～1.0

注:硬路肩兼作自行车道时,按满足自行车道宽度设置且不小于表中数值。

6.4.3 临时(紧急)停车宽度

旅游公路的临时(紧急)停车带应是为游客欣赏路侧自然或人文景观而提供临时停车场地,当右侧硬路肩宽度小于2.5m时,应设置临时(紧急)停车带,最小宽度应大于货车停靠的宽度,参照《公路工程技术标准》(JTG B01)宽度采用3.5m。设置间距和长度根据旅游价值灵活确定。

6.4.4 自行车道宽度

旅游公路自行车道使用者分两种,一种是将自行车当作交通工具的熟练骑车人,骑车速度较快,他们是旅游价值较低路段的骑车主力军;一种是普通的骑车人或者儿童,他们使用自行车主要为了休闲、运动需要,骑车速度较慢。建议A级旅游公路应设置自行车道,B级旅游公路主要为汽车专用,可不单独设置自行车道。

建议旅游公路自行车道的设置形式根据旅游价值需要来设置:在旅游价值较低路段,自行车道可以与公路硬路肩合并设置;在旅游价值较高路段,宜与公路行车道分离设置。

A级旅游公路自行车道宽度和设置方式应根据非机动车的设计交通量和通行能力计算确定;旅游价值较低路段的自行车道与硬路肩共用,建议最小宽度取1.5m,若设置在一侧双向行驶,最小宽度取2.5m;旅游价值较高路段,自行车道宜与行车道分开设置,可采用城市道路形式或路基外单独设置的形式,单向自行车专用道宽度不小于2m,双向自行车专用道宽度不应小于2.5m,一般采用3～3.5m,同时应设置不小于0.5m的土路肩或路缘带。

6.4.5 人行道宽度

在旅游价值较低路段,路肩或者是路侧宽容区可以为零星的行人提供安全空间;在旅游价值较高的风景区,应对人行道单独或者与自行车道合并设置,具体宽度和形式根据风景区的特点单独设计。此外,临近或位于城区的路段亦应设置人行道。

人行道所需宽度应根据人行流量确定,一队行人的横向宽度为0.75m,人行道的宽度可通过下列公式计算:

$$B = 0.75(2 + N/3600)$$

式中:B——人行道宽度(m);

N——预测尖峰小时最大行人数。

本书建议旅游公路人行道的最小宽度不低于1.5m,与自行车道合并设计的不低于人行道最小宽度+单条自行车道宽度。

6.4.6 景观台、休憩场所和停车区宽度

设置景观台或休憩场所主要目的在于给游客提供一个可以休息、观景、眺望或取得旅游信息的场所。其设置面积或宽度与自然或人文景观的旅游价值大小、地形、地质条件、生态环境影响等有关。所以,旅游公路驿站、观景休憩区及停车休憩区设置的位置、大小应结合景点的具体规划,灵活设计。

旅游价值较低路段,其功能可以通过路侧临时(紧急)停车带实现,不必单独进行设计。

6.4.7 路基总宽度

旅游公路路基横断面宽度受旅游价值、地形、生态环境、占地、投资效益等因素的共同制约,建议B级旅游公路断面采用一级公路横断面形式;双车道A级旅游公路横断面布置(用地不受限的情况下)宜采用在行车道外根据旅游价值增加自行车道和人行道。在一般旅游价值路段路肩具备自行车道或人行道的功能;在旅游价值高的路段,自行车道和人行道与道路分离设计,路肩具备路侧临时停车带的功能,本书根据旅游价值高低的不同,列出了两种A级旅游公路常见的横断面形式,如图6-3所示。

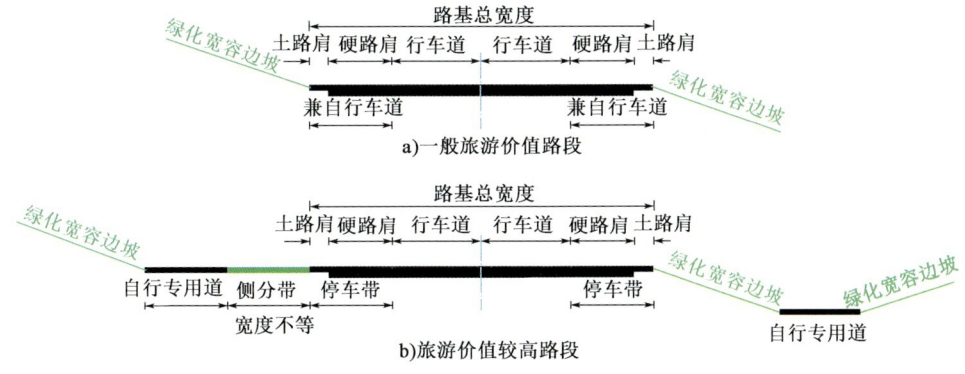

图6-3 A级旅游公路典型横断面图

6.5 旅游公路路面及铺装类型

色彩图案与周围环境协调的路面铺装,既可以加强旅游公路的装饰性,又能起到良好的视觉诱导作用,使原本生硬的路面变得生动而富有情趣。尤其在近景观地段,还能激发旅客进入景点的冲动。

6.5.1 行车道路面

综合考虑行车安全性、诱导行车和增加道路旅游品质等因素,在设计速度变化衔接段、特殊路段(需警示和提醒路段)可采用彩色路面或彩色标志。

6.5.2 步行道铺装

旅游公路步行道仅承受人群荷载,重在体现多样性和人性化设计,可根据旅游价值景观协调性确定路面铺装类型。

步行道路面设计应符合下列规定:

(1)宜采用与机动车道有明显区分的彩色路面,如图6-4所示。

(2)有条件时,宜采用透水性混凝土路面,应满足荷载、透水、防滑等使用功能和耐久性要求。

(3)滨水环境的步行道,局部可采用栈桥或木栈道,如图6-5所示。

图6-4 琼海博鳌支线步道

图6-5 临高东英镇路段步道

6.5.3 自行车道铺装

自行车道宜采用满足抗滑、耐磨、美观等要求的连续铺装,如图6-6所示,并应符合下列规定:

(1)宜采用普通彩色沥青混凝土、特种彩色沥青混凝土、彩色微表处和彩色抗滑磨耗层等具有一定辨识度和美观性的路面表层。

（2）根据工艺水平和实施条件，可选用彩色水泥混凝土路面、彩色压模混凝土路面和彩色露石混凝土路面。

（3）自行车道路面材料可试点、推广使用高韧薄层沥青混凝土、发光沥青混凝土或发光水泥混凝土等新型材料和结构。

图6-6　文昌段自行车道

6.6　交通安全设施设计

6.6.1　交通安全设施分类与特点

交通安全设施包括交通标志、标线、护栏、视线诱导设施、隔离栅、防落网、防眩设施、防风栅、防雪（沙）栅、积雪标杆、突起路标和防撞筒等，如图6-7所示。

a)　　　　　　　　　　　　　　　　b)

图6-7　环岛旅游公路陵水、琼海典型路段交通安全设施

其中，交通安全标志所承载的信息量最大，是最重要的一种安全设施。标志除了传递交通安全信息之外，也能传递旅游相关方面的信息，可以专门设计。护栏、视线诱导标和突起路标本身形式较为多样，宜采用与旅游资源主题和风格相协调的设施，也可以根据路段的具体情况专门设计。标线、隔离栅、防护网和防撞筒等特殊设计的空间不大，与普通公路要求相同。

6.6.2 交通安全设施设计要点

旅游公路设计应充分体现"以人为本"和"宽容设计"的理念，以保障司乘人员的安全。

旅游公路往往采用灵活设计，会适当放宽指标限制，在一定程度上对行车安全产生影响，需通过增设必要的安全设施进行弥补和保障。

旅游公路交通安全设施设计应注重人性化要求，重点考虑视觉舒适性和接触亲和性，让驾驶员、乘客均感到舒适。

应考虑与陆域景观的协调性和视觉效果，同时考虑环境与生态要求，根据不同的环境选择不同的设施形式，使安全设施与自然环境和谐融洽，如图6-8所示。

a)　　　　　　　　　　　　　　b)

图6-8　儋州火山海岸路线及交通设施

1) 标志设计要点

旅游标志在符合标准规范的前提下，需要加入旅游资源自身的代表性符号，如图6-9a)所示。

旅游公路交通标志的设置应系统考虑，注重均匀与平衡；保障旅游者对周边旅游交通信息掌握的全面性、准确性和及时性。

旅游公路交通标志的设置应从路景和谐的角度考虑，尽量减少对周围景观的影响；巧妙地使用色彩，以弱化交通标志结构对景观的影响。

尽可能采用路侧交通标志，使公路视觉上保持通透性，减少压迫感并与公路环境和谐，如图6-9b)所示。

在急转弯道处宜采用彩色标志标线或者彩色路面诱导行进路径，提高行车安全性，并丰富公路景观，如图6-10所示。

a)

b)

图 6-9 路侧标牌

在交通量较大且需设非机动车道路段,机动车道与非机动车道应加以分隔,保障行人与骑行者的安全,如图 6-11 所示。

图 6-10 急转弯处设置彩色路面诱导

图 6-11 机动车道与非机动车道之间设置绿化带分隔

2) 护栏设计要点

护栏形式有多种,常见波形梁护栏如图 6-12 所示,亦可选用钢管护栏、缆索护栏、木质护栏、混凝土护栏等。在设计中必须满足安全防护的基本功能,兼顾景观效果,但不能以降低护栏的安全防护水平为代价。由于旅游公路主要以旅游者为服务主体,特殊路段应考虑提升安全防护水平,以确保安全性,如图 6-13 所示。

图 6-12 常规路段典型护栏

图 6-13 特殊路段典型护栏

要注重细节处理,如护栏过渡段设计、护栏端头的处理,以减轻对事故车辆的危害,并实现与环境的融合,如图 6-14 和图 6-15 所示。

图 6-14　常规路段护栏端头　　　　　　图 6-15　典型路段护栏过渡段

在路侧环境优美的路段,宜设置缆索护栏,保障视线的通透性。缆索式护栏的现代感强,通视效果好,在环岛旅游公路的大部分路段都可以使用,如图 6-16 所示。

图 6-16　环境优美路段典型护栏

根据旅游公路的地域环境特点,因地制宜地设置石砌护栏、木质护栏等,如图 6-17 所示。

图 6-17　其他典型路段护栏

CHAPTER SEVEN

7 国家海岸1号旅游公路服务设施设计

公路服务设施是指设置在公路上,为使用者提供加油、充电、休息、餐饮、购物、导引等服务的公路附属设施。

而旅游公路结合了交通功能和旅游功能,可以看作是一种以道路实体作为基本设施,具备交通运输功能的线型旅游目的地。其在公路服务设施的基础上增加了旅游活动设施,主要包括:游客中心、展示馆、景观小品、休息活动区、固定观景设施、各种游览与自行车设施以及相关救援安全系统。

旅游公路服务设施具体包括服务区、驿站、停车休憩区(停车区),可以结合其地理位置和人文环境在内部或者路侧单独设置观景休憩区(观景台),以及引导标志和解说系统。这几类旅游服务设施可根据项目情况按其功能进行搭配选择,非必须在一个项目中全部设置。

本章结合海南环岛旅游公路的设计具体案例,介绍服务设施的分类、布局、选址、构成要素以及引导标志与解说系统的设计等。

7.1 服务设施分类

根据海南环岛旅游公路的不同路段,服务目的、功能、设施配套、周边环境,距离景区的远近等因素,规划和布局合适规模的旅游服务设施,包括旅游公路驿站、观景休憩区(观景台)、停车休憩区(停车区)以及引导标志与解说系统四类,见表7-1。

其中,驿站为特殊的服务设施,提供综合性服务为主,兼顾游客集散、补给、餐饮住宿等服务,具备业态叠加、功能复合、布局灵活、形式多样四大特点,是集旅游服务基地、特色旅游产品、区域整合平台功能三位一体的综合型旅游服务设施,见表7-2。观景休憩区(观景台)侧重游客短暂停留,欣赏周边景观的功能,视具体情况可设置洗手间。停车休憩区(停车区)侧重游客短暂停留和休憩功能。

旅游公路服务设施类型　　　　　　　　　　　　　　　　　　　　　　　表 7-1

类型	服务目的	功能	配套
驿站	综合性服务兼顾部分游客集散功能;提供特色化服务,加强公路的旅游功能,提高舒适程度	停车加油(充电)、管理养护用房;游客短暂停留、补给必需品;展示地方特色,包括信息展示和特色产品销售;提供旅游公路宣传信息	主要提供旅游基本公共服务,共分为游客中心、停车场(带充电桩)、旅游公厕、餐饮、小商品/旅游纪念品商店、精品酒店、旅游医疗点、警务服务点等八种类型以及特色旅游业态
观景休憩区	观景休憩、大巴及自驾车停留	供游客短暂停留,欣赏周边景观;可提供科普、展示信息	停车区;观景休憩区及相关解说标志;旅游信息标志;可有小型的游憩系统
停车休憩区	大巴及自驾车临时休憩	供游客短暂停留、休憩;可提供科普、展示信息	简易停车区;简易休憩区、旅游信息标志

驿站服务设施可选主题　　　　　　　　　　　　　　　　　　　　　　　表 7-2

配套类型	可选主题
美食类	特色美食街、茶楼、咖啡厅、主题购物街
住宿类	房车营地、森林木屋、旅游特色酒店、生态民宿、帐篷营地
运动类	水上乐园、热气球基地、户外瑜伽园、赶海体验基地
娱乐类	儿童乐园、主题公园、涂鸦体验馆、摄影基地、汽车影院、迷你影院、滨海垂钓基地、康养会所
文化类	主题广场、历史展览馆、植物展览馆、丝路文化剧场、主题科普基地、文化剧场、海洋文化馆、地质体验馆、特色工艺品展示基地
科技类	主题科技体验馆、智能科技展示基地
田园类	农家乐园、稻田摄影基地、特色农庄、种植体验基地
交通类	加油站、汽车/电动车/摩托车/自行车租赁点

7.2　服务设施构成要素

旅游公路服务设施构成要素有车行道、人行道、停车场、卫生间、用餐区、景观设施、解说牌、旅游信息栏、电力设施、水源系统、污水垃圾处理等,不同类型的服务设施对其要求又有所不同,见表 7-3。

国家海岸1号旅游公路服务设施设计 7

旅游服务设施构成要素　　　　　　　　　　　　　　　　表7-3

项目	旅游驿站	观景休憩区和停车休憩区
分离式车道	景观岛,使用植物景观或圬工景观为主或二者结合将停车区与车道完全隔离	可选分离岛式
停车场形式	分别设置大车和小车两个停车区	仅作临时侧方停车
停车场规模	根据需要设置,最多可设置60个小客车停车位,20个大客车停车位	平行停靠5~10辆小客车
完成的停车场	硬化场地,道牙,完善的地下雨洪排水系统	硬化场地,地面散排,如果设置人员活动区,应与停车区隔离
卫生间	符合健康标准的水冲式厕所,洗手盆	符合健康标准的水冲式厕所或化学抽水马桶或不设置
人行步道	三级步道系统	根据需要和现场情况灵活设置
用餐区	必须设置专门的用餐区	不需要
景观	文化/历史的展示,长椅/休息区,花园	观景台、文化、历史展示或不需要
说明牌	在永久性建筑周围设置说明牌,以及有关部门批准的永久性广告牌	条件允许时可设置有关部门批准的永久性广告牌
旅游信息栏	在永久性建筑周围设置信息栏,以及有关部门批准的永久性宣传牌(也可设置旅游宣传册散发点)	旅游信息
建筑设计	外观根据地特色进行专项设计,平面可采用标准布局	外观根据地特色进行专项设计
电力供应及照明	停车区及建筑照明,地面装饰灯具,全部使用地埋电缆	不需要
水源供给	建筑物的饮用水,饮水机,公用水龙头,以及灌溉系统供水和经卫生督察批准的备用系统	不需要
污水处理	化粪池或经卫生部门批准的其他替代设施	不需要
垃圾处理	沿道路设置垃圾桶,并在隐蔽的位置设置集中收集站	设置垃圾桶定期清理

7.3　服务设施设置

　　服务设施的布局需满足未来游客增长的服务需求,规划沿线路侧设施的间距。在空间布局上,利用地势高低起伏和距离海岸线远近、是否便于观海的特征,选择交通人流量比较大、旅游客源集中、地形地貌适合建设服务设施的区域。

　　根据旅游公路等级,兼顾周边主要旅游城镇、其他旅游服务设施的位置关系,确定需设置的旅游公路服务设施类型。

7.3.1 驿站

1) 设置原则

(1) 立足独特资源。驿站的选址及其规划建设要充分利用周边优质的资源禀赋条件，比如儋州市峨蔓镇的火山海岸地质公园、乐东黎族自治县的盐田文化等，创造有特色的旅游空间环境，使其成为重要的旅游吸引物；通过驿站整合利用周边旅游资源，发挥整体建设与运营效益。

(2) 补足服务短板。独立设置的驿站要强化其综合服务功能，对周边的旅游资源的开发起到辐射与带动作用；结合旅游度假区、景区景点、特色产业小镇和美丽乡村设置驿站，着重提升服务水平，创新服务业态，与周边现有旅游服务设施形成补充，相得益彰。一般设置间距 20~40km/个。

(3) 避让生态敏感空间。规划选址严守生态红线，保护动植物栖息环境，尽可能避让各类生态敏感空间，以最低环境影响的开发原则建设驿站。

(4) 拉动区域发展。以驿站为核心形成旅游产业集聚，大量发展旅游消费业态，带动地方服务业和乡村旅游业的整体提升。

2) 选址方案

根据驿站选址原则和布局要求，环岛滨海共规划驿站 40 个(已建成和在建 4 个)，按照其所处的环境条件与周边景观资源将驿站分为自然景观资源型和历史人文资源型两大类驿站，并细分为 6 小类(见表 7-4、表 7-5)。

(1) 自然景观资源型驿站。在环岛旅游公路沿线，结合特定的地理环境条件，规划 25 个自然景观资源型驿站，围绕自然景观环境，体现天人合一，达到亲近自然的目的。包括 8 个湿地类驿站、2 个盐田类驿站、5 个悬崖类驿站和 10 个海湾类驿站，具体分布和规模，见表 7-4。

自然景观资源型驿站情况　　　　表 7-4

类别	驿站名称	所在市县	驿站主题
湿地类(8 个)	五龙戏水驿站	文昌	滨海湿地、风车景观
	三更菩提驿站	文昌	牧场湿地、生态农家
	椰洲鹭鸣驿站	三亚	河口湿地、椰林观景
	琵鹭四更驿站	东方	滨海湿地、赏景观鸟
	海尾守望驿站	昌江	滨海休闲、湿地度假
	火山海岸驿站	儋州	火山海岸、滨海湿地
	儋耳追光驿站	儋州	摩旅骑行、赶海体验
	彩桥遗梦驿站	临高	红树观光、美丽村庄

续上表

类别	驿站名称	所在市县	驿站主题
盐田类(2个)	莺歌踏浪驿站	乐东	盐田游乐、工艺体验
	沧海盐丁驿站	儋州	古盐田景观、火山海岸
悬崖类(5个)	山钦蓝梦驿站	万宁	休闲运动、悬崖观海
	牛岭弥香驿站	陵水	山海观光、山地拓展
	春澜香水驿站	陵水	滨海运动、悬崖观海
	岭头揽胜驿站	乐东	矿山遗址、山地观海
	头友听涛驿站	澄迈	暗夜星空、听涛观海
海湾类(10个)	七星啼翠驿站	文昌	文化体验、生态观鸟
	抱虎听涛驿站	文昌	休闲运动、海岛游乐
	铜鼓观日驿站	文昌	山海主题公园游乐
	花角锦绣驿站	万宁	山海主题游乐
	大洲燕呢驿站	万宁	滨海运动、海岛游乐
	日月逐浪驿站	万宁	滨海观光、休闲运动
	逐日龙栖驿站	乐东	滨海游乐、南繁文化
	金月彩霞驿站	东方	落日观景主题
	感恩通天驿站	东方	河口观光、文化体验
	闲敲棋子驿站	昌江	河海湿地、奇石海岸

(2)历史人文资源型驿站。结合地域历史文化和民俗风情特色,规划15个历史人文资源型驿站,围绕海南特色的文化行为、历史事件和现代科技文化展示,开展文化与科技旅游体验活动。包括11个文化展示类驿站和4个科技体验类驿站,具体分布和规模,见表7-5。

历史人文资源型驿站情况 表7-5

类别	驿站名称	所在市县	驿站主题
文化展示类(11个)	木兰波光驿站	文昌	灯塔文化、滨海观光
	青葛龙湾驿站	琼海	渔农文化
	鱼跃潭门驿站	琼海	南海文化
	小海龙舟驿站	万宁	龙舟运动、海鲜美食
	铜港渔灯驿站	陵水	疍家文化、猴岛生态
	崖州红韵驿站	三亚	红色文化
	峻灵神韵驿站	昌江	海洋文化
	银滩泛歌驿站	儋州	儋州调声文化
	峡角飞渡驿站	临高	红色文化、滨海观光
	薯香桥头驿站	澄迈	田园美食
	大丰古韵驿站	澄迈	历史文化

续上表

类别	驿站名称	所在市县	驿站主题
科技体验类 （4个）	东港觅古驿站	海口	北部起点驿站、智慧公路展示、海底村庄遗迹
	龙楼揽月驿站	文昌	航天主题游乐、科普
	海棠花语驿站	三亚	南部起点驿站、智慧公路展示
	叶蓉金滩驿站	儋州	智慧旅游服务、无人驾驶体验

3）典型案例

（1）火山海岸驿站。火山海岸驿站位于儋州市峨蔓镇，项目总占地面积约 86700 m²，总投资约 3.9 亿元，以"火山"为主题，有机串联周边的火山海岸地质公园、红树石趣、龙门激浪、情人湾等观景平台，巧妙地把公路沿线自然景观与驿站业态紧密融合一起，能够满足自驾游、家庭游、研学游等不同群体"快进慢游"的个性化出行需求，如图 7-1 所示。

图 7-1　火山海岸驿站

火山海岸驿站一期项目业态涵盖火山海岸书吧、万能青年茶饮店、便利店、空中乐园、空中驿站、文创市集、观海咖啡餐厅等。规划的业态还有本土 IP 潮玩、"海印象"元宇宙沉浸式剧本游、火山海岸派对、西部水上中心、海洋浴场等体验项目，充分满足自驾游、家庭游、亲子游等不同旅游群体对于户外体验、网红打卡、研学体验、体育娱乐、夜间消费等多类型的游玩体验。

（2）儋耳追光驿站。儋耳追光驿站位于儋州市光村镇，占地 104700 m²，总建筑面积约 66000 m²，总投资额近 8 亿元。驿站地处神冲滨海旅游度假区的核心位置，坐拥周边沙井渔村、千年古盐田、神冲火山石民居院落、红树林生态湿地和绵延海岸线等丰富的自然景观和人文资源，旨在打造一个能够让游客沉浸式探究渔港生活气息的西部特色旅游驿站，如图 7-2 所示。

7 国家海岸1号旅游公路服务设施设计

图 7-2　儋耳追光驿站

以中国传统折扇为灵感而设计的鲜之光餐厅,人们能够在这独特的建筑美学中开启美食之旅。在融合工业和科技风格的博物馆空间里,有各式充满机械感的摩托车和各类服装、头盔等摩托装备,打造集展览、销售、租赁与维修于一体的摩旅全链条体验馆。沿着驿站北面的松林栈道,可以走到海边远眺绿树丛茵和白鹭鸣飞,聆听风吹松林和浪涛拍岸,享受阳光和煦和海风轻柔。此外,驿站还拥有设施完善的房车营地,配备充电桩、活动木平台、生活补给站等设施,为自驾游旅客提供绿荫环绕的私密空间,确保游客在享受户外露营乐趣的同时,也能拥有舒适便捷的生活体验。

(3)莺歌踏浪驿站。莺歌踏浪驿站位于乐东黎族自治县,占地130000m²,总建筑面积约78000m²,总投资额近8亿元。设计灵感来自黎族"船型屋",以"日出尖峰、日落银山"为主题,以"盐文化"游览体验为亮点,特别是建筑设计方面结合了当地的"盐"主题文化和现状大片的养殖坑塘地貌,让游客游历的过程中,既能看到场地原有盐文化景象,欣赏莺歌海盐场的美景,也能完整经历制盐工艺的非遗传承展示。旨在成为集综合服务中心、能源补给中心等"基础型"服务功能和银山礼堂、银山广场等"亮点型"引领功能为一体的综合性超级驿站,如图7-3所示。

a)

b)

c)

d)

图 7-3

e)　　　　　　　　　　　　　　　　　f)

图 7-3　莺歌踏浪驿站

7.3.2　观景台

观景台功能定位为短暂停留,拍照休憩,配套港湾式停车带(5~10个车位),少量步行及观景设施。

1)设置原则

(1)精选奇观风采。观景台的选址需选择自然景观优美、眺望视野开阔及地质条件良好的位置,创造有特色的观景视角,为旅游公路带来更多运营效益。

(2)补足服务短板。观景台应具备游客观景眺望、摄影、临时休憩及获取旅游信息等功能,在用地允许的前提下,可配套设置移动公厕、垃圾回收、凉亭、地图、观景望远镜、停车区、观景休憩区,并设标志牌、智能信息牌等设施,强化其综合服务功能。

(3)避让生态敏感空间。观景台的选址应严守生态红线,保护动植物栖息环境,尽可能避让各类生态敏感空间,最大限度地降低开发建设对生态环境的影响。

(4)观景台平面布置:

①场地为狭长地形时,观景台与停车场可按线形布置。

②场地狭小时,观景台与停车场可集中布置。

③停车区设置于路外时,与公路之间的腹地宜设隔离绿带或缓冲区。

④观景台与停车场之间宜设置步行道。

(5)观景类型:

①海天一色观景型:壮丽宁静,碧海无边,领略心旷神怡的豁达。

②落日余晖观景型:精选海上落日余晖映,舒云剩影水色悠的风采。

③崎岩望礁观景型:火山海岸崎岩峻拔、暗礁丛生,火山地质遗迹风采。

④灯塔风采观景型:绚丽滨海,希望灯塔之风采。

⑤红树晚霞观景型:幽秘神奇、倚海而生,映衬晚霞红韵之中。

⑥湿地潟湖观景型:原生湿地潮汐起伏,芦苇芒草狂野蛮长,飞鹭潜鱼生生不息。

⑦原野金辉观景型:精选原始乡村田园,感受淳朴与豁达的田园风采。
⑧椰海听涛观景型:弥足椰林,婆娑树影,心浸海南风采。

2）选址方案

环岛旅游公路沿线规划设置观景台45处,其中包含自然景观34处、人文景观11处,见表7-6。

观景台选址情况　　　　表7-6

序号	市县	名称	景观类型	观景内容	景观风貌
1	文昌	新阜海观景台	人文	海岛、湿地、鱼虾塘	湿地段
2	文昌	风车1号观景台	自然	海岸、沙滩	风车段
3	文昌	风车2号观景台	自然	海岸、沙滩	风车段
4	文昌	风车3号观景台	自然	海岸、沙滩	风车段
5	文昌	潮滩掠影观景台	人文	海岸、沙滩、村庄	风车段
6	文昌	月亮湾观景台	自然	海岸、沙滩、大草坪	防风林段
7	文昌	椰林1号观景台	自然	椰林、大海	旅游区段
8	文昌	椰林2号观景台	自然	椰林、大海	椰林段
9	文昌	椰林3号观景台	自然	椰林、大海	椰林段
10	文昌	渔舟唱晚观景台	人文	鱼塘、河流、田园	湿地段
11	万宁	水碧山青观景台	自然	桥、海	防风林段
12	万宁	海天一色观景台	自然	海	防风林段
13	万宁	峰峦叠翠观景台	自然	大花角、海湾、沙滩	防风林段
14	乐东	逐日龙栖观景台	自然	海滩、湿地	湿地段
15	乐东	白沙河谷观景台	自然	河口、林地、农田	林地段
16	乐东	岭头揽胜观景台	自然	海滩、林地	林地段
17	东方	疏影金月观景台	人文	网红桥、海滩	防风林段
18	东方	闲倚碧空观景台	人文	风车海岸	防风林段
19	东方	感恩角观景台	人文	风车海岸	防风林段
20	东方	古海忆韵观景台	人文	古码头	湿地段
21	昌江	海王神迹观景台	自然	昌化大岭	防风林段
22	昌江	林海金晖观景台	自然	林海沙滩	防风林段
23	昌江	观海桥南观景台	自然	湿地潟湖	湿地段
24	昌江	观海桥北观景台	自然	湿地潟湖	湿地段
25	昌江	赶海石滩观景台	自然	湿地潟湖	湿地段
26	昌江	珊瑚海滩观景台	自然	海滩林荫道	田园段

续上表

序号	市县	名称	景观类型	观景内容	景观风貌
27	儋州	田园海风观景台	自然	林地观海	田园段
28	儋州	下浦渔趣观景台	自然	渔港游泳	防风林段
29	儋州	龙腾云霞观景台	人文	石滩、兵马角灯塔	湿地段
30	儋州	凭栏眺龙观景台	人文	沙滩、兵马角灯塔	悬崖段
31	儋州	兵马角观景台	人文	沙滩、兵马角灯塔	悬崖段
32	儋州	龙门激浪观景台	自然	火山地质遗迹	悬崖段
33	儋州	珍珠湾观景台	自然	火山石沙滩	风车段
34	儋州	红树石趣观景台	自然	红树林火山石	湿地段
35	儋州	神冲飞浪观景台	自然	沙滩	风车段
36	儋州	新丰古村观景台	自然	红树林、古村	防风林段
37	儋州	兰山望礁观景台	自然	红树林、大桥	防风林段
38	临高	新盈红树观景台	自然	红树林湿地	湿地段
39	临高	北田小溪观景台	自然	水系	湿地段
40	临高	美夏码头观景台	自然	港湾、海	城镇段
41	临高	林间碧海观景台	自然	海	防风林段
42	澄迈	包岸炊烟观景台	自然	滨海村镇、海	城镇段
43	澄迈	小岛幽径观景台	自然	海岛、林径、火山石	防风林段
44	澄迈	玉包沧浪观景台	自然	滨海悬崖	旅游区段
45	澄迈	林水交融观景台	自然	红树林湿地、城市	湿地段

3）典型案例

海南环岛旅游公路新建观景台均为平台型，路侧设置港湾式临时停车带，如图7-4～图7-7所示。

图7-4 水碧山青观景台

图7-5 新阜海观景台

图 7-6 风车 1 号观景台

图 7-7 林水交融观景台

7.3.3 停车区

旅游公路停车区应为使用者提供短时停车、休憩及获取信息等服务,当视觉范围有美学价值或科学价值的景观或资源点时,应与观景台合并设置,同时提供观景服务功能。

1) 设置原则

(1) 旅游公路停车区应以临时停车休憩、获取旅游信息为主要功能,有景观资源可利用时,应同时提供观景功能。

(2) 停车区宜选择在具有突出视觉审美或科学价值的路侧、制高点和观景点等处。

(3) 停车区之间或停车区与旅游驿站之间平均间距宜小于 25km,因观景而设置停车区时,间距可灵活掌握。

(4) 旅游公路为一级公路时,公路两侧均宜设置停车区,因观景需要或受地形、用地条件限制可采用单侧集聚式。

旅游公路为二级及以下等级公路时,可仅在公路一侧设置停车区,并应布置在地势较高或景观所在一侧。

2) 停车区分类

环岛旅游公路沿线停车区可分为综合型停车区、一般停车区和港湾式停车区三种类型。

(1) 综合型停车区。主要与新能源补给站结合布置,其规模与功能结合交通流量和车辆类型特点予以确定,占地面积约 5500~8000m^2。

(2) 一般停车区。占地面积约 3500~6700m^2,设置 10~30 个停车位,并可配备移动公厕、充电桩专用停车位、休憩坐凳等服务设施。

(3) 港湾式停车区。港湾式停车区主要结合观景台需求,以满足游客短暂停留观景或休息。港湾式停车区利用路面拓展,一般停车规模为 5~10 辆。

3）选址方案

海南环岛旅游公路设置停车区 26 处，兼顾间距与周围景观，见表 7-7。

停车区选址情况　　　　　　　　　　　　　表 7-7

序号	市县	名称
1	文昌	海岸灯塔停车区
2	文昌	航天椰梦停车区
3	琼海	鱼跃潭门停车区
4	琼海	珊瑚岛停车区
5	万宁	小海龙舟停车区
6	万宁	龙滚河停车区
7	万宁	正门岭停车区
8	陵水	铜港渔灯停车区
9	陵水	椰子岛停车区
10	乐东	莺歌唱晚停车区
11	乐东	岭头揽胜停车区
12	东方	感恩福地停车区
13	东方	沧海金波停车区
14	东方	芳草阡陌停车区
15	昌江	昌桥醉霞停车区
16	昌江	海尾听涛停车区
17	昌江	赶海石滩停车区
18	昌江	能源新光停车区
19	儋州	排浦飞鹭停车区
20	儋州	鱼骨桥北停车区
21	儋州	峨珍停车区
22	儋州	光村调声停车区
23	临高	峡角飞渡停车区
24	澄迈	雷公岛停车区
25	澄迈	红坎岭停车区

4）典型案例

环岛旅游公路一般停车区规划有停车区、充电站（可选）、卫生间、临时售卖点（可选）等，如图 7-8～图 7-11 所示。

图 7-8　澄迈红坎岭陶艺园停车区

图 7-9　正门岭停车区

7 国家海岸1号旅游公路服务设施设计

图 7-10 龙滚河停车区

图 7-11 航天椰梦停车区

7.3.4 解说系统

1) 解说系统分类

旅游公路解说系统类型包括引导标志（诱导型）、警示标志（警示型）和解说标志（说明型、环境地图型、公共设施指示型），见表7-8。

解说服务系统类型　　　　　　　　　　　　　　　表7-8

类型		释义
引导标志	目的引导型	具有引导使用者到达目的地的功能；内容主要为目的地名称、方向及距离，以及到达途径等；道路交通标志中的指路标志和旅游区标志即属于此类
警示标志	警示型	以保障安全与维护旅游公路交通安全、环境与空间秩序为目的而设置，具有提示、告诫或督促旅游者行为的功能；道路交通标志中的警告标志、禁令标志、指示标志等即属于此类
解说标志	说明型	对周边重要人文景观进行概括性介绍与说明，使游人能够认识与了解其概况和重要性
	环境地图型	具有道路、景点、服务设施等要素，可确认旅游公路及其周边景点、景区、城镇与现在所在地位置的关系
	公共设施指示型	使旅游者能够方便快捷地找到所需公共设施

2) 解说系统布局

按照解说系统的分类，其设置位置和注意事项见表7-9。

解说系统设置　　　　　　　　　　　　　　　表7-9

解说设施类型		建议设置的旅游公路类型	设置位置
引导标志	目的引导型	所有旅游公路	依据相关规范和标准； 公路路侧临近处有著名旅游景点或景区，可设置加以指示
警示标志	警示型	所有旅游公路	主要依据相关规范和标准； 特别应注意，临近或穿越自然保护区路段须设置动物保护标志
解说标志	说明型	历史旅游公路； 文化旅游公路； 其他周围具有相对重要或特殊的自然、历史和文化景点的旅游公路	以服务设施内为主； 综合服务设施、停车区游人休憩场所； 人文景观为主或周边具有人文特色以及其他有特殊景点的观景台
	环境地图型	所有旅游公路； 地理位置或区划位置特殊的旅游公路必须设置	以服务设施内为主； 综合服务设施、停车区人流集散处； 地理位置特殊的观景台
	公共设施指示型	所有旅游公路	公路沿线主要依据相关规范和标准； 服务设施内人流集散及分流处

3）解说系统设计要点

（1）旅游公路解说系统应具有同一旅游公路标志，保持风格和设计元素的统一，并与主题相吻合。

（2）从旅游者的行为和心理研究出发，充分考虑游客的感受，满足游客的旅游需要。

（3）与环境相融合，刻画具有个性的景区表情，创造具有旅游公路鲜明特色的形象。

（4）简洁明了地表述旅游信息，使设施特色鲜明，保证旅游者对重要旅游信息的关注及获取。

（5）注重表现旅游公路及其周边的历史文化内涵，提高其文化品位。

（6）提倡采用多种形式和先进技术，流量较大的路段建议采用可变信息牌等智能形式。

（7）在满足规范要求的前提下，尽量采用乡土或自然材料，使材质和色彩能够与周边环境和谐。

4）典型案例

（1）引导标志。海南环岛旅游公路引导标志可以分为四个类型：旅游公路识别标志、出入标志、导向标志以及景点景物标志。

①旅游公路识别标志。以海南环岛旅游公路名称和当地人文资源为素材并经过官方认可标志，可以单一或者和其他标志一起在公路系统中重复出现或出现在宣传媒介上。识别标志贯穿整个旅游公路系统，并把公路主体、附属设施和其他相关元素联系起来，形成一个旅游产品。

如图7-12所示，"南海之珠"作为环岛旅游公路商标/徽标（LOGO），涵盖海南、公路两种元素造型，形似美丽的皇冠，又似翻腾的浪花托起一颗珍珠。

a)

b)

图7-12 旅游公路识别标志

②出入口标志。位于旅游公路同向沿线景区和服务区的路口处，借以识别公路出入口，提示公路沿线景点和服务区相对位置，一般附有欢迎语，在统一样式的基础上，带有不同区段和景区的特色，如图7-13所示。

a) b)

图 7-13 旅游公路出入口标志

③导向标志。位于旅游公路观景台、岔道口或其他允许停车或放慢车速的位置,帮助旅游者加强、辨别、更新和扩展他们对于旅游公路廊道系统的意向。导向标志是由图示、地名(设施名)和箭头组合的标志;也可以和解说设施结合,形成包含地图、解说牌示、安全警示等的综合信息标志点,如图 7-14 所示。

图 7-14 旅游公路导向标志

④景点景物标志。景点景物标志不只是指引或者提醒游客道路周边的景区,同时包括营造和预留出来属于旅游公路本身的景点和景物,这种标志一般由名称及抽象图案组成,或者是将旅游公路沿线的景点景物统一分类、筹划,按类标志,如图 7-15 所示。

图 7-15 旅游公路景点景物标志

（2）警示标志。警示标志的功用是提示旅行者规避潜在的风险，一般设置为黄底、黑边、黑图案，部分区域会因为环境因素而改变颜色，但都会以醒目颜色吸引旅客的视线，提醒旅客主动规避危险，降低事故发生的概率。景点（区）内的警示标志应设置在一些旅客较为集中的区域，例如游客中心、广场、观景台等。警示标志可以采用图形、标志线等形式，均应根据周围环境合理布局，灵活运用现场条件，最终达到警示旅客安全出行的效果，如图7-16所示。

a)　　　　　　　　　　　　　　　b)

图7-16　旅游公路警示标志

（3）解说标志。解说标志是为旅游公路驾驶者、骑行者、步行者所使用。以提供信息、路线、方位、名称等内容为主要目的。根据旅游公路的主体定位、景观要求、等级、断面形式，决定其形式、色彩、风格、配置，如图7-17所示。

a)　　　　　　　　　　　　　　　b)

图7-17　旅游公路解说标志

8 国家海岸1号旅游公路廊道景观控制及设计

旅游公路廊道是指两侧一定范围内所有景观要素的总和,是旅游公路价值的集中体现。旅游公路廊道景观的打造是一项系统性、长期性,需要各级政府协作的综合性工程。我国目前的公路建设往往只是注重公路红线范围内的景观工程,而这部分内容只占公路使用者视线范围内很少的一部分,更为重要的区域往往在道路红线之外。本章阐释了廊道景观的控制原则以及景观类型的划分、沿线景观的设计等内容。

8.1 控制范围与原则

8.1.1 控制范围

从人的视觉特性、景观尺度感及动态景观敏感度三个层面,一般可将旅游公路景观廊道的规划控制范围分为三个控制区,区域范围可根据具体地形情况适当调整,如:视野开阔的平原区可适当扩大控制范围,视野较为狭窄的山林区、城镇区可适当缩小控制范围。

（1）核心控制区:该区域紧邻公路,是司乘人员视线范围内清晰可见,关注度最高,对沿线景观影响最大的区域。

（2）生态控制区:该区域内的构筑物以及山体、河流等自然元素对沿线景观生态环境影响度较高。

（3）一般控制区:该区域内的景观元素可识别度较低,主要起背景作用。

8.1.2 控制原则

旅游公路廊道景观的用地范围既有"路权"范围以内的,也有"路权"范围以外的,可以根据各主体的职责范围进行统一的近远期规划建设与管理。

根据旅游公路的主体定位,结合周边的土地现状,景观廊道原则上以开敞型的视觉空间为主,局部路段采用遮蔽手段,通过视线的收放,营造富有韵律性的沿线景观效果。

旅游公路景观廊道不同区域内的景观规划控制可以遵循以下原则:

(1)核心控制区道路用地红线内的景观以恢复为主,创建结合,由公路建设单位负责实施。

(2)核心控制区道路用地红线外的景观以规划控制为主,由地方政府结合地方自然、人文景观进行统一规划实施。

(3)生态控制区景观采取规划引导的办法,由省级以及地方政府协作实施。

(4)一般控制区景观则以强制性保护为主,由地方政府配合整体规划实施。

8.2 沿线风貌塑造

将环岛旅游公路的景观风貌分为自然风貌路段和人文风貌路段两大类。其中自然风貌路段包括悬崖、湿地、风车、防风林及椰林、河口、田园六小类;人文风貌路段包括城镇和旅游度假区两小类。

8.2.1 悬崖路段

1)路段现状

悬崖路段共3段,包括正门岭路段、南燕湾-石梅湾路段和日月湾路段,其中已建2段,未建1段。

2)设计策略

结合现状地形特征,悬崖路段可分为陡坡型、缓坡型两类。

(1)陡坡型路段:特点为滨海山体陡峭,坡度起伏大,平缓区域少,行车视野开阔,观海视线基本不受遮挡。采用整幅路基,顺应地形,曲线设计,局部桥梁的方式。

(2)缓坡型路段:特点为滨海山体坡度较为平缓,坡度小,局部观海视线被遮挡。采用整幅路基,顺应地形,曲线设计的方式。

3)设计方案

万宁山钦湾、正门岭:该路段是全岛唯一的新建悬崖路段,坡度较大,植被遮挡小,景观视域广。为保护自然环境,充分利用现状道路,陡坡路段以桥梁跨越,如图8-1和图8-2所示。

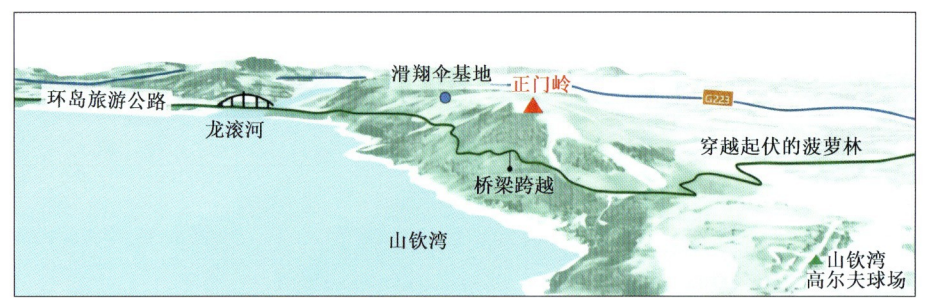

图 8-1　万宁市山钦湾正门岭悬崖公路路线示意

图 8-2　万宁市山钦湾正门岭悬崖路段

8.2.2　湿地路段

1) 路段现状

湿地路段在沿海较多区域分布,包括铺前港路段、长圮港路段、冯家湾路段、神州半岛路段、新村港路段、抱套河口路段、莺歌海路段、昌化江路段、龙门路段、鱼骨港路段、兰山角路段、新盈湾路段、马袅港路段和美浪港路段等 14 段。湿地路段特点为在沿海区域分布较广,一般伴以红树林生长,现状许多区域被改造为养殖用地。

2) 设计策略

按照现状资源特征,可分为浅滩湿地、坑塘湿地和红树林湿地三类。

(1) 浅滩湿地:处于海域范围之内的浅湾区域,水深较浅,潮汐变化明显。保留较好的区域主要集中于儋州,火山地貌特点鲜明。采用桥梁跨越方案实现亲水观海的效果。

(2) 坑塘湿地:多处于潟湖和靠近海岸线区域周边的陆地上,现状为方格网式布置的人工鱼虾养殖塘,生态环境破坏,污染严重。在生态修复的基础上采用穿行方案实现深入湿地的效果。

(3) 红树林湿地:处于河流入海的陆海交汇区域,潮汐变化明显,现状有连片生长的红树林,多被列为保护区。周边湿地区域一般有人工鱼虾养殖塘,破坏水质和湿地生态平衡。在生态修复的基础上采用绕行的设计手法实现保护生态环境的效果。

3) 设计方案

儋州市峨蔓镇鱼骨港:通过架桥、局部提高、横跨湿地水面等措施来打造穿越浅滩湿地的景观效果,如图8-3所示。儋州市峨蔓镇盛羊角:通过迂回曲线、滩涂架空等措施来打造穿越浅滩湿地的景观效果,如图8-4所示。

图8-3　儋州市峨蔓镇鱼骨港路段

图8-4　儋州市峨蔓镇盛羊角路段

文昌市会文镇盐寮村、万宁老爷海:通过曲折迂回,主要以路基深入穿越为主,打造坑塘湿地的景观效果,如图8-5、图8-6所示。

图8-5　万宁老爷海路段

图8-6　文昌市会文镇盐寮村路段

儋州市光村镇新丰村:通过利用已有道路改造升级、塑造湿地景观等措施来打造穿越人工湿地的景观效果,如图8-7所示。海口市铺前红树林自然保护区:全线避让核心区、缓冲区;纵面结合地形局部提高,确保行车时有一定的观赏红树林的区段。通过差异化景观塑造红树林湿地景观效果,如图8-8所示。

图8-7 儋州市光村镇新丰村路段

图8-8 海口市铺前红树林自然保护区路段

8.2.3 风车路段

1) 路段现状

风车路段包括潮滩湾风车路段、感城镇风车路段、八所镇风车路段和马角风车路段等4段。风车路段分布在文昌、东方和儋州三市县。利用现有风车检修道建设旅游公路，在风车掠影中近距离感受绚丽的滨海景观。

2) 设计策略

利用现有风车检修道建设旅游公路，采用"借道观景、穿行风车"和"近观海景、远望风车"两种方式，实现在风车掠影中近距离感受绚丽的滨海景观。

公路顺应风车的走势，满足大风车发电机节能与环保的设计初衷；增加趣味性，在可拓展区域增设临时停车场，注重田园景观搭配，提升风车路段颜值。

3) 设计方案

对临海一线风车检修道进行改造，增加道路平、纵曲线变化，布置观景台、停车区，达到借道观海、掠影风车的景观效果，如图8-9～图8-13所示。

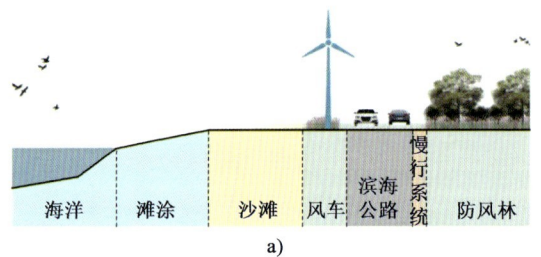
a)

b)

图8-9 风车路段设计

国家海岸1号旅游公路廊道景观控制及设计 8

a)

b)

图 8-10　文昌风车海岸路段

a)

b)

图 8-11　文昌风车海岸路段观景台

a)

b)

图 8-12　儋州火山海岸路段

a)

b)

图 8-13　东方风车海岸路段

125

8.2.4 椰林和防风林路段

1）路段现状

椰林路段包括文昌东郊和会文沙港、琼海沙龙港-潭门、三亚椰梦长廊林等6段。

防风林路段包括木兰头-潮滩湾路段、铜鼓岭-月亮湾路段、万宁路段、三亚路段、乐东路段、东方路段、昌江路段、儋州路段、临高路段、澄迈路段和七星岭路段等27段。

2）设计策略

根据道路位置特点，路段可分为林前路、林间路和林后路三类。

（1）林前路路段：利用现有道路，借道出海实现近海亲水效果。尽量减少占用200m海岸带的面积，降低对红线区域的影响，平面线型上可采用"左右路面分离、上下行交通错开"的方式，公路半幅进入红线，另外半幅保留在红线以外，如图8-14所示。

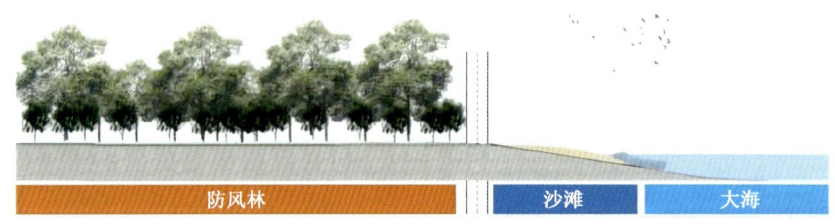

图8-14 林前路路段示意图

（2）林间路路段：利用现有道路，顺应地形，通过适当增加道路平、纵曲线设计等措施来打造林中慢游的景观效果。局部有条件区域可采用分行方式增加道路趣味感，也可设置为骑行道。利用现状道路预留通海廊道在沙滩区域设置观景平台，如图8-15所示。

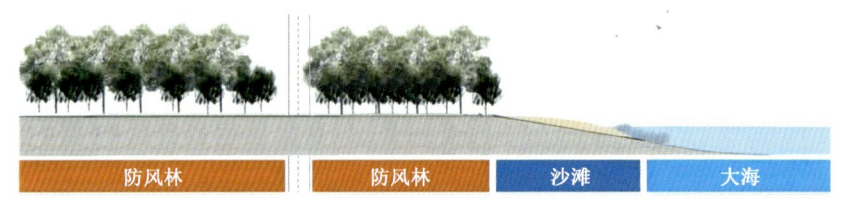

图8-15 林间路路段示意图

（3）林后路路段：利用现状道路减少对防风林的破坏，采用通海廊道塑造、局部景观提升等措施，达到既穿梭于密林又可观海的景观效果。针对稀疏的海防林景观进行更新提升，部分采用椰林树种搭配，提升视线通透性，如图8-16所示。

通海廊道打造可分为借道观海和透林观海两种设计方案：

①借道观海。利用林间现有通海道路，于交界处设置引导标志，在滨海区域设置观景平台。

②透林观海。沿海虾塘鱼塘和植被破坏严重区域进行退塘还林和景观塑造，种植椰

子树等具有一定透光性的防风树种。

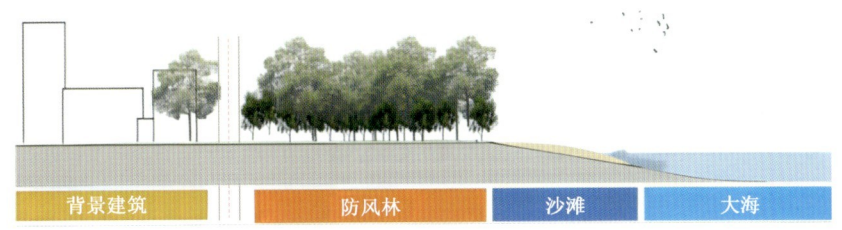

图 8-16　林后路路段示意图

3）设计方案

东方市四更支线办头园路段（林前路）：利用现有道路借道出海实现近海亲水效果。尽量减少占用 200m 海岸带的面积，降低对红线区域的影响，如图 8-17 所示。

图 8-17　东方市四更支线办头园段

文昌市东郊镇东郊椰林：道路设计利用现状道路，濒临海岸线，内侧设置椰林保护区，局部道路可穿行于椰林中，打造穿梭于椰梦长廊的景观效果，如图 8-18 所示。

图 8-18　文昌市东郊镇东郊椰林路段

8.2.5 城镇及旅游区路段

1)路段现状

城镇及旅游区路段分布范围较广,涵盖了沿海的12个市县,其中比较典型的为琼海的博鳌支线、临高的沿海段落、昌江的沙鱼塘村支线以及陵水的清水湾利用段落。

2)设计策略

典型的城镇及旅游区路段具有秀丽的海洋风光,地势平坦,海域沿岸无海防林,具有开敞的观海视野,景区内修建有景观大道,具有道路基础,应强调滨海区域无遮挡的景观设计,并利用现有道路借道出海,达到亲海和观海的效果。

3)设计方案

琼海博鳌支线:改造原有道路,连接酒吧公园、博鳌灯塔、妈祖庙、博鳌亚洲论坛会址等景点,如图8-19所示。

临高段:局部城镇利用路段道路狭窄,在沿海一侧设置平面蜿蜒曲折人行桥,供行人和自行车通行,如图8-20所示。

图8-19 琼海博鳌支线

图8-20 临高东英镇路段

昌江沙鱼塘村支线:改造村海之间的原有道路为旅游公路支线,如图8-21所示。

图8-21 昌江沙鱼塘村支线

8.2.6 河口路段

1）路段现状

河口路段均采用桥梁方式跨越,包括世纪大桥、新东大桥、清澜大桥、潭门大桥、崖城大桥、洋浦大桥等20余座桥梁。

2）设计策略

河口地形相对平坦,通视性较好,背景自然,景物层次较单调,以桥梁形式跨越,设计时在满足通航以及水文条件的基础上,适当结合桥址所在区域自然、历史、人文特点有针对性的增加景观功能。

3）设计方案

万宁龙滚大桥:桥梁创意以桥址所在区域的"冲浪"元素为基调,设计为无背索斜拉桥+弧形索塔方案,整体造型犹如航行的帆船,独具张力和动感。桥梁轻快灵动,与地形景观融洽,减小对景观视域的阻碍,如图8-22所示。

三家昌化江特大桥:桥址两岸散布种植木棉花,周边以自然生态河滩地貌为主,地势平坦,遮挡较小,视野开阔,具备远景观看条件。桥梁上部结构设计以通透为主,下部结构采用花瓶造型,丰富立体,如图8-23所示。

图8-22　龙滚河大桥

图8-23　三家昌化江特大桥

珠碧江大桥:桥址所在区域为白鹭栖息地,取"一行白鹭上青天"之意境,从飞翔的白鹭中抽取造型元素,采用V形墩连续刚构方案,如图8-24所示。

文澜江大桥:桥址所在区域素有"鱼米之乡"之美称。方案以江、海文化为构思源头,汲取场地"曲线"元素自然肌理,借鉴江鱼、海豚腾跃之造型,勾勒简洁、流畅的多跨连续拱造型,展现区域灵动的水文化特色,彰显项目区"鱼米之乡"的地域特色;同时以"天高任鸟飞,海阔凭鱼跃"意像,表达区域自由、休闲的城市生活理念,如图8-25所示。

图 8-24　珠碧江大桥

图 8-25　文澜江大桥

8.2.7　田园路段

1）路段现状

田园路段包括铺前镇路段、木兰港路段、龙湾港路段、昌化镇路段等 25 段。

2）设计策略

沿线周边具有大面积农田，地势平坦，无高低起伏错落，周边没有高大乔木分布，视野开阔。宜采用大地景观塑造的方式，创造优美壮阔的田园景观。道路线形可采用大弧度平面曲线，局部适量升降道路标高，丰富道路行驶乐趣。

3）设计方案

澄迈县桥头镇昌大村：通过大地景观塑造、道路优化升级等措施打造穿越腹地田园景观，如图 8-26 所示。

万宁市龙滚镇山钦湾附近：通过大地景观塑造，道路平纵曲线结合等措施打造穿越腹地田园景观，如图 8-27 所示。

图 8-26　澄迈县桥头镇昌大村路段

图 8-27　万宁市龙滚镇山钦湾附近

8.3　沿线景观设计

海南环岛旅游公路采取点、线、面相融合的做法，强调串联景区的整体规划和道路两侧视域范围内的景观设计，体现交通、文化、美学、游憩和生态等复合功能。

8.3.1 营造手法划分

旅游公路不同路段的景观营造手法，可以分为借景式路段、修景式路段和造景式路段，见表8-1。

不同形式路段评选特性列表　　　　　　　　　　　　　　　　　　　　表8-1

路段类型	路段特征
借景式路段	公路沿线具有特殊的人文景观或自然景观资源，并且具有一定的延续性，足以让游客行经时产生整体的环境印象 公路沿线具有环境敏感性，不适宜增加过多的硬质设施 公路景观及空间结构具有序列性变化
修景式路段	公路沿线景观美质具有人文景观或自然景观资源，但是有一定缺陷 公路沿线并具有环境敏感地区，不适宜增加过多的硬质设施 公路景观及空间结构具有序列性变化
造景式路段	公路沿线景观美质资源相对较不足 公路沿线并非环境敏感地区 公路景观及空间结构缺乏序列性变化

廊道景观是旅游公路设计的重点之一，应依据旅游公路的周边景观环境特点，分别采用"加减法则"。"加法原则"就是在公路选线、线形设计、观景台选址等方面，有效引导公路使用者欣赏廊道特色景观，增加赏景及体验沿线景观风貌的机会，让沿线景观风貌自然而然的呈现。"减法原则"就是公路设施在满足交通功能的前提下，应尽量避免人为设施干扰廊道既有景色，见表8-2。

旅游公路"景观加减法原则"应考虑的要素　　　　　　　　　　　　　表8-2

"加法"要素	"减法"要素
·具有自然景观特殊性 ·大地构造：地形、地质、地貌、断层 ·水文：滨海、湖泊、湿地、潟湖、河流 ·气候变化的现象：日出、日落、彩虹、雾气 ·植物景观：森林及老树 ·具有城乡风貌独特性 ·文化历史脉络 ·聚落景观 ·特殊族群文化 ·具有生态资源稀有性 ·动植物保护区 ·森林保护区 ·野生动物栖息环境	·护栏 ·隔音墙 ·不必要的标志 ·配电及通信设备 ·围篱及施工围篱 ·跨越桥防护网 ·桥梁及高架道路 ·天桥及人行步道桥

1) 借景式路段

借景式路段的旅游公路沿线具有丰富的人文、自然景观资源,景观设计时应以彰显其景观特质为主,注重对景观的保护与借用,尽量使旅游公路设施融入自然环境中,避免对环境造成过度干扰。

(1) 种植。借景式路段一般不种植,若遭自然灾害或人为破坏时,进行植被恢复。如海岸线路段由于海风及灾害,种植成长不佳,应以海岸地景为主,选择性种植耐风及耐盐的树种。

(2) 桥梁。借景式路段公路桥梁宜模拟自然的处理方式,包括运用自然的韵律(山、海)、绿化及柔化结构体,降低桥梁栏杆,使桥梁结构与周围环境相融合。桥梁配件设计遵循统一性原则,如圆形桥墩配圆形栏杆。桥梁材料、颜色及质感尽量统一,避免杂乱。配合桥梁周围环境特征,利用爬藤植物及栽植容器(塑料容器、木质花箱或水泥栽植槽)等绿化桥梁构筑物。如图 8-28、图 8-29 所示,万宁正门岭大桥和东方感恩河大桥均采用等跨径混凝土梁桥、柱式墩;为了融合蓝天碧海的景观,将钢护栏涂装为蓝色;正门岭大桥位于悬崖路段,桥头挡墙采用爬藤植物进行装饰。

图 8-28　万宁正门岭大桥

图 8-29　东方感恩河大桥

2) 修景式路段

针对生态破坏严重或景观功能不明显的,可以采用修景式的方案,选用乡土植物以及具有地方代表性的植物,塑造公路景观特色。

(1) 普通路段。对其进行统一整理与提升,尤其重要地段出入口的标志与形象展示,种植方式以群落或组团方式为佳,适度隔绝路旁的不良景观。如图 8-30 所示,路侧红线外存在坟地等不良景观,采用花草及矮灌木进行遮挡。

(2) 边坡。边坡是在旅游公路建设期人工开挖(填筑)所形成的路侧景观元素。坡面植物种植方式和坡度的关系见表 8-3。景观设计优先考虑坡面植被防护绿化,以自然环境协调性为原则。使边坡对自然环境的影响降至最低。配合四周景物及天然地形,采用自然材料,营造边坡的自然风貌,如图 8-31 所示。

国家海岸1号旅游公路廊道景观控制及设计 8

图 8-30　路侧采用遮挡措施

坡面植物与坡度关系　　　　　　　　　　　　　　　表 8-3

坡度	植物生长情况	可行的坡面栽种方法及配合的工程处理
30°以下	植物生育良好 植物自然入侵 可复原以乔木为主的植物群落	除排水设施外，不需其他的基础工程，仅应用植物处理即可
30°~35°	35°为自然复原的限界坡度 草生覆盖地冲蚀少 简易的基础工程处理后进行植生	以湿法喷播种草，并种植树木及灌木 编栅、铺网及挖植沟
35°~45°	以灌木与草本植物群落为主 栽植高木具危险性且易导致坡面的不稳定	使用防侵蚀护垫，以喷草法种草，并种植树木及灌木 挡土墙、编栅、方格框、石笼护坡
45°~60°	以灌木与草本植物群落为主 45°~50°为乔木成林的极限 客土厚度不得超过15cm	使用防侵蚀护垫及保护铁网，并种植地被植物、攀援植物及蕨类植物 方格框及挡土墙
60°以上	植物不易栽植或难以达到仅以种植来稳定坡面功效	采用特殊绿化种植方法 挡土墙或自由框 坡底种植乔木作为坡面的视觉缓冲

a)　　　　　　　　　　　　　　　　　　b)

图 8-31　文昌木兰湾段与万宁龙滚河路段边坡

133

（3）城乡聚落。在旅游公路廊道内的聚落景观要充分体现聚落的文化和景观特色,根据聚落景观的需要,对沿途重点地段的建筑物采用立面改造、景观遮蔽等措施,如图8-32所示。

a)

b)

图8-32　文昌段旅游公路

3）造景式路段

由于缺乏显著的景观资源,造景式路段可结合旅游公路的设计主题以及场地条件,营造特色景观。

（1）种植。植物景观设计应以乡土植物为主,充分做到与自然的融合,并充分考虑滨海台风多的特点,选择抗风植物种类。如图8-33、图8-34所示,东方四更支线海滨和万宁大花角路段分别采用大王椰和风铃木。

图8-33　东方四更支线段

图8-34　万宁大花角路段

（2）景观小品。雕塑主要有石材、金属、复合材料等,结合路段文化特征或发展主题进行设计,体现路段的特色,同时充分考虑其抗风性,以免台风季节造成安全问题和财产损失,如图8-35所示。

（3）桥梁。造景式道路桥梁应展现地方特色建筑元素,包括形式(拱、建筑山墙),材料(砖、石、木)及色彩,呼应民俗特征。具有地方入口功能、应用于连接不同行政区界的桥梁,可采用象征性图腾、照明或整体性地标处理方式,如图8-36所示。

a)   b)

图 8-35   环岛旅游公路文昌段

a) 太阳河大桥   b) 龙滚河大桥

图 8-36   万宁段太阳河大桥和龙滚河大桥

8.3.2 道路景观设计

以"全域风景化、公路景观化"为理念，采用城市设计的手法，将海南环岛旅游公路建设成为"路在景中延伸，车在林中奔跑，人在海边游玩"的国际一流风景旅游道路。

1）道路节点和路段设计

结合线形视角的变化，创造多变的景观效果，增强景观韵律感。从"以车为导向，以地质、地形、地貌为基础，重点关注道路线形、速度、标准的传统道路设计手法"转变为"以人为导向，以景观、生态、历史为基础，重点关注游客旅行体验的景观道路设计手法"。

（1）以打开视角的方式强调视觉丰富性。选择风景较为突出的路段，去除路边部分遮挡树木，设置观景台，打开观景视角丰富沿途视觉体验，如图 8-37 所示，儋州峨蔓镇龙门村附近设置珍珠湾观景台。

（2）以对景方式强调道路线形变化产生景观多样性。随道路线形的变化，对弯道处的道路两侧景观进行对景式塑造，形成山海相映、林海相照、田林相望、山林相依的多样化景观效果，如图 8-38 所示，万宁正门岭路段随着路线平曲线变化，可以远眺山、海与龙滚河大桥。

图 8-37　打开视角强调视觉的丰富性　　　　　　图 8-38　道路线形变化产生景观多样性

2）植物配置

搭配多层次的景观植物。植物选择本地树种,草本花卉、灌木、乔木等相互搭配,从路缘向外逐渐升高,形成高低搭配、层次丰富、色彩多样的植物景观,如图 8-39 所示。

图 8-39　"植物多层次搭配"示意图

3）整合旅游资源

整合全域旅游资源,在提升已有景区的基础上,培育多个风景优美的新景区,打造路景融合的新画卷,如文昌市木兰灯塔路段、万宁市山钦湾正门岭路段、琼海市博鳌支线、临高县临高角路段、儋州市火山海岸路段等。

CHAPTER NINE

9 国家海岸1号旅游公路工程实践

前述章节论述了国家海岸1号旅游公路设计理论,本章以海南环岛旅游公路万宁段为依托,系统阐述该理论的设计实践过程,为促进和完善滨海旅游公路设计理论,具有重要作用和意义。

9.1 旅游公路资源调查分析

海南环岛旅游公路万宁段,起点位于万琼分界点深美村县道X428,终点与牛岭互通衔接。全线总里程为96.543km,其中路线新建长度36.208km,改建长度3.042km,完全利用57.293km。

路线主要控制点见表9-1。

路线沿线控制点调查表　　表9-1

道路	内海	海角	入海口	海湾	保护区	景区	滨海名胜	特色小镇等
旅游公路	—	—	龙滚河	山钦湾、山根湾	—	—	山钦古庙、燕子洞	—
疏港大道	小海	—	港北港	英豪湾	—	—	港北大桥	万宁槟榔城
旅游公路	—	大花角	—	保定湾、春园湾	—	—	—	—
万宁旅游公路	老爷海	—	坡头港	南燕湾、石梅湾	万宁礼记青皮林自然保护区	兴隆热带植物园	石梅湾	兴隆正大咖啡产业园
G98	—	—	—	日月湾	—	日月湾游览区	—	—

选线依据道路两侧景观风貌的不同可以分为悬崖路段(25km)、湿地路段(14km)、防风林路段(40km)、河口路段(3km)、田园路段(7km)、旅游区路段(7km)。其中可直接观

海路段长度约 37km,主要位于石梅湾、保定湾、英豪湾和山钦湾等区域。

按沿线开发类型、地质地貌等因素,将工程沿线资源环境做以下分类:

(1)类型Ⅰ:悬崖路段,主要位于山钦湾、正门岭区段。区域内地势起伏、落差较大,地貌类型以丘陵为主;周边用地以酒店开发用地为主,现状尚未开发路段以林地为主。

(2)类型Ⅱ:防风林路段,主要位于港北大桥至大花角段。本区段紧邻大海,海湾边缘地势隆起,形成一道天然的沙丘,沙丘上布满木麻黄海防林带,本区段推荐路线由林地内穿越。

(3)类型Ⅲ:河口路段,主要位于龙滚河、青山河等,其中龙滚河为泄洪通道入海口,水面宽约 90m,水深约 1~2m,距入海口约 190m,入海口处有海浪堆积形成的沙坝,地形呈"U"型。

(4)类型Ⅳ:田园路,主要位于山根镇。路线由村庄内部或边缘穿过;现状用地以农田为主;区段内地势总体较平坦,但新建、改建工程用地局促。

(5)类型Ⅴ:湿地段,主要位于和乐镇港北大桥段、东澳镇。现状用地以鱼塘和虾塘为主;区段内地势总体较平坦、低洼,为利用路段。

(6)类型Ⅵ:旅游区路段,主要位于山钦湾、石梅湾、日月湾、分界洲岛,本区段紧邻大海,大部分为利用,仅山钦湾段为新建。

本工程生态敏感点主要为正门岭区域,山体陡峭,地形起伏较大,林木较为茂密,岭上有雅居乐山钦湾(房地产)、万宁龙滚国际滑翔运动基地,岭下为大海。

(7)本工程将根据实际用地条件、优化道路线形,进行隧道方案和沿山体展线方案的比选,在经济的前提下尽量减少对山体的破坏;针对现状山体滑坡、塌方路段,结合工程建设进行综合性治理;对于施工期间造成的现状山体的破坏,本工程将结合旅游公路的景观带设计进行一体化的修复与设计。

9.2 旅游公路设计定位

9.2.1 设计主题

充分发挥交通的先导和引领作用,挖掘和展现"岛屿"优势,加快推进交通和旅游侧的供给改革,形成"交通+旅游"新业态,打造具有国际服务标准和品牌影响力的海南旅游新名片,改变滨海沿线旅游资源开发低效局面,促进旅游产品升级。紧扣海岛"休闲度假、康体疗养观光、浪漫爱情体验、激情运动娱乐"四大主题,构建以公路为先导、以环岛人文景观资源为依托、以互联网技术为支撑,集"吃住行游购娱"为一体、具有丰富旅游体验、可以不断满足新型旅游业态的环岛旅游产品。

9.2.2 设计思路

1）发展目标

落实国际旅游岛建设、全域旅游和国际旅游消费中心的发展要求,全面贯彻落实海南省委省政府的战略构想,确立环岛旅游公路规划目标如下:

(1)国际一流风景旅游道:全域、全景、全程展示海南滨海自然风光和历史人文魅力,建设国际一流风景旅游道。

(2)国际旅游消费新平台:打造业态创新、配套完备、体验丰富的"路道型"旅游综合体,构建国际旅游消费新平台。

2）功能定位

顺应生态文明建设、全域旅游打造和百姓民生福祉的要求,将环岛旅游公路定位为:

(1)生态路:保护生态环境,体现生态优先,保障物种生境,和谐人与自然。

(2)风景路:塑造公路景观,打造景观公路,串联景区景点,构筑路旅模式。

(3)文化路:传承海南历史,体现海南文化,穿梭海南古今,品味现代未来。

(4)智慧路:建设智慧设施,实施智能管理,提供智能服务,实现智慧出行。

(5)幸福路:打造特色小镇,发展美丽乡村,助推全域旅游,促进百姓幸福。

3）整体空间布局

(1)空间形态。本次规划布局体现"点、线、链"相结合的珍珠项链式的空间形态。

①点:以景点景区、特色城镇、美丽乡村、服务驿站等为点,创建滨海旅游重要目的地和旅游消费中心。

②线:以环岛旅游公路为串线,形成滨海全域旅游发展全要素有机连接。

③链:以环岛旅游公路为平台,创建"路道型"旅游综合体,形成"珍珠项链"式整体空间特色。

(2)空间布局要点:

①以景选线,以线串景,展现海南自然风光。

结合道路设计和景观提升,打造多角度看海、全方位亲海、全身心体验的自然风貌路段。通过依山瞰海、踏绿望海、追风望海、幽林窥海、椰风听涛、倚栏观海、环湿亲海等方式,链接环岛悬崖、红树林、湿地、风车、灯塔、田园、椰林、海防林、沙滩和河流等不同特质的自然风光体系。

②塑造历史文化空间廊道,凸显海南多元文化。

通过道路沿线景观和风貌控制,展现多元素感受、深层次体验、多样化融入的文化景观。串联山钦湾、小海、大花角、石梅湾、日月湾、分界洲岛等众多具有典型代表意义的重要人文景观。

③点线链结合,构建业态创新的综合性旅游消费平台。

以驿站为核心,链接滨海众多旅游资源,形成数个"旅游+N"的消费中心。以环岛旅游公路为"线",链接一系列沿线旅游驿站、景区景点和旅游度假区、风情小镇、美丽乡村。打造珍珠链式分布的一系列旅游消费中心,使海南滨海区域带成为世界知名的旅游度假胜地,承载未来海南1/3以上的高端旅游人口。

④构建快进慢游的环岛绿色旅游交通体系。

与现状滨海快速交通体系有机衔接,构建快进慢游、多点串接、分段成环、灵活选择的环岛绿色旅游交通体系。

⑤打造全国首条环岛智慧旅游公路。

以搭建"一路、一平台"为总目标,运用先进科技手段,以智慧交通建设手法建设环岛旅游公路,搭建智慧旅游服务平台,实现环岛旅游公路全程"点、线、链"的智慧化建设。

9.3 旅游公路资源评价及分级

9.3.1 城市定位和资源特征

万宁的城市定位和资源特征见表9-2。

万宁的城市定位和资源　　　　　表9-2

城市	万宁
定位	以滨海度假、水上运动、生态养生、主题娱乐、互联网旅游服务为特色的滨海旅游度假胜地 以槟榔、咖啡、富硒农产品为主的热带高效农业示范区 以陆海统筹生态系统保护与修复为先导的生态文明示范区 以华侨文化和中非合作交流为核心的国际文化交流合作平台
自然资源	兴隆国家森林公园、青皮林自然保护区 山岳资源:东山岭、六连岭、尖岭、温泉、瀑布、湿地 滨海资源:内海、半岛、河口和各种独特地质观;石梅湾、日月湾(顶级冲浪海岸) 内海:小海、老爷海(国家级海洋公园) 岛屿资源:大洲岛(国家级海洋自然生态保护区)、洲仔岛、白鞍岛、加井岛、甘蔗岛 山钦湾、港北、小海、春园湾、新潭湾、神州半岛、石梅湾、日月湾、老爷海旅游休闲娱乐区
人文资源	万安书院、海南井冈山六连岭、东山岭佛教文化、兴隆华侨农场;巨型文灯、军坡节、穿腮表演、古万州婚俗

9.3.2 资源评价及分级

根据评价标准,海南环岛旅游公路万宁段资源评价结果见表9-3。

万宁市境内旅游公路资源评价 表9-3

序号	城市	名称	桩号	评级	认定	旅游价值
1	万宁	山钦古庙	K3+500	A	民间	行
2	万宁	正门岭景区	K5+150	A	官方	游
3	万宁	山钦蓝梦驿站	K8+600	A	官方	游
4	万宁	小海龙舟驿站	K27+500	A	官方	游
5	万宁	小海	K34+100	A	民间	行
6	万宁	花角锦绣驿站	K38+300	A	官方	游
7	万宁	大花角	K39+200	A	官方	行
8	万宁	东山岭	K46+500	B	官方	行
9	万宁	大洲燕昵驿站	K54+400	A	官方	游
10	万宁	神州半岛内度假区	K64+400	A	官方	住
11	万宁	碑头水库	K78+700	B	民间	行
12	万宁	石梅湾游艇会	K81+200	B	民间	游
13	万宁	日月逐浪驿站	K84+450	A	官方	游
14	万宁	日月湾度假区	K87+000	A	官方	住
15	万宁	分界洲岛景区	K92+000	A	官方	游
16	万宁	牛岭观景台	K92+000	C	民间	游
17	万宁	崇岭弥香驿站	K95+861	A	官方	游
合计:A级13个,B级3个,C级1个						

(1) A级旅游公路:A级旅游公路旅游资源丰富,旅游价值高、环境敏感性高。在5km宽度旅游公路廊道范围内,A级资源点个数与旅游公路长度比值大于等于1个/20km;或B级资源点个数与旅游公路长度比值大于等于3个/20km。A级旅游公路需控制过往车型,建议中型车及以下的车型可在A级旅游公路上通行。

(2) B级旅游公路:B级旅游公路旅游资源比较丰富,旅游价值较高、环境敏感性较高。在5km宽度旅游公路廊道范围内,B级资源点个数与旅游公路长度比值小于3个/20km,但具有B级以下的资源点个数之和与旅游公路长度比值大于等于5个/20km。若初定为B级旅游公路的项目通过综合分析,局部改线,使评分结果提升达到要求的,可将等级提升为 A 级旅游公路。旅游公路根据过往的车型,在设计速度及平纵横指标设计上不拘于传统公路设计思维,要体现灵活性和人性化设计。

根据分级标准,海南环岛旅游公路万宁段旅游价值评级为 A 级。

9.4 旅游公路选线设计

9.4.1 选线原则

为了充分体现旅游公路的旅游价值,线位选择时需着重考虑以保存和不破坏自然生态景观为主导思想,要充分展现海南地域特色,在坚持灵活性、安全性、整体性、经济性的基础上,遵循以下原则:

1) 保护环境、生态优先

万宁滨海区域分布有多个自然保护区和风景名胜区,道路沿线还分布有基本农田和公益林,本着生态优先的规划原则,选线尽可能避开以上各类生态敏感区域。对于受地形条件限制,难以完全避开的穿越路段应严格控制道路红线宽度,制定切实可行的生态环境保护措施。

2) 结合现状道路,因地制宜

为实现资源利用的最优化,环岛旅游公路万宁段主线充分利用约 57.293km 现状省道、县道、村道等道路进行改造设计,因地制宜,避免重复建设造成资源浪费,并可对现状道路品质和景观效果进行提升。

3) 联村串景、无中生有

万宁段主线主要穿梭在滨海 300m 以内区域,应尽可能地展示滨海区域多变的沙滩、礁岩、山体、台地等海岸地形地貌,最大化地突出海南滨海优美的风景资源和浓郁的历史人文资源,给旅游者带来丰富多样的旅游交通体验,真正做到全域、全程、全要素旅游。

以建设环岛旅游公路为契机,将沿途分布的乡镇打造为特色产业小镇,自然村落打造为美丽村庄,大力发展乡村旅游产业,全面提升景观风貌,以充分展示不同地域特色文化和乡村风土民俗。

4) 曲径通幽、借道出海

以慢行慢游为目标,强化平、竖曲线变化,达到空间变换、步移景异的景观效果;充分利用并改造临近海边的村道、林间路等"借道出海",以达到亲海、观海的目的。

5）居高临下、亲近滨水

合理利用万宁段滨海悬崖、台地，依山就势，因地制宜，临海选线，追求居高瞰海的视觉效果；并规划一定比例直接观海的路段，以充分展现海南最美的海湾、岸线、沙滩等资源景观。其观海形式多样，包括远眺望海、居高瞰海、透林观海、近海亲海等多种类型。

6）快进慢游、形成网络

以"慢速"的环岛旅游公路为旅游主线，通过"中速"的连接线衔接沿海"快速"交通体系，在滨海地区形成"慢、中、快"三级旅游交通网络。

9.4.2　路线方案选择

环岛旅游公路万宁段起点位于万琼分界点深美村县道 X428，与在建沙美内海旅游公路相接，路线沿海防林向南敷设，于山钦湾高尔夫球场北侧西行，与县道 X428 衔接，利用县道 X428 约 0.85km，在上卿村西设平交后向南沿沟谷布线，依次跨越正门岭、云梯岭、龙滚河、青山河、文容河，于港下村北侧接至疏港大道，利用港北大桥 2.47km。路线跨越港北港后，沿海防林向南至大花角后转向西，对既有县道 X432 实施改造，与石梅湾至大花角段旅游公路衔接，利用 G98 高速，终点为牛岭互通。全线总里程为 96.543km，其中路线新建长度 36.208km，改建长度 3.042km，完全利用既有路段长度 57.293km，见表9-4、如图9-1 所示。

路线主要控制因素及方案布置一览表　　　　　　　　　　表 9-4

序号	所属区段	主要控制因素	路线布线方案
1	山钦湾	海防林、山钦古庙	新建、改建
2	X428	X428	利用既有道路布线
3	正门岭	正门岭	新建,沿山体布线
4	龙滚河	龙滚河	新建
5	山根湾	海防林、青山河、文容河	新建、改建
6	港北大桥	小海、港北港	利用港北大桥段
7	X432	海防林、X432	新建、改建
8	石梅湾至大花角	老爷海、石梅湾、大花角、太阳河、礼记青皮林、兴隆植物园等	利用万宁石梅湾至大花角旅游公路
9	东线高速	日月湾	利用 G98 高速

国家海岸1号旅游公路设计理论与实践

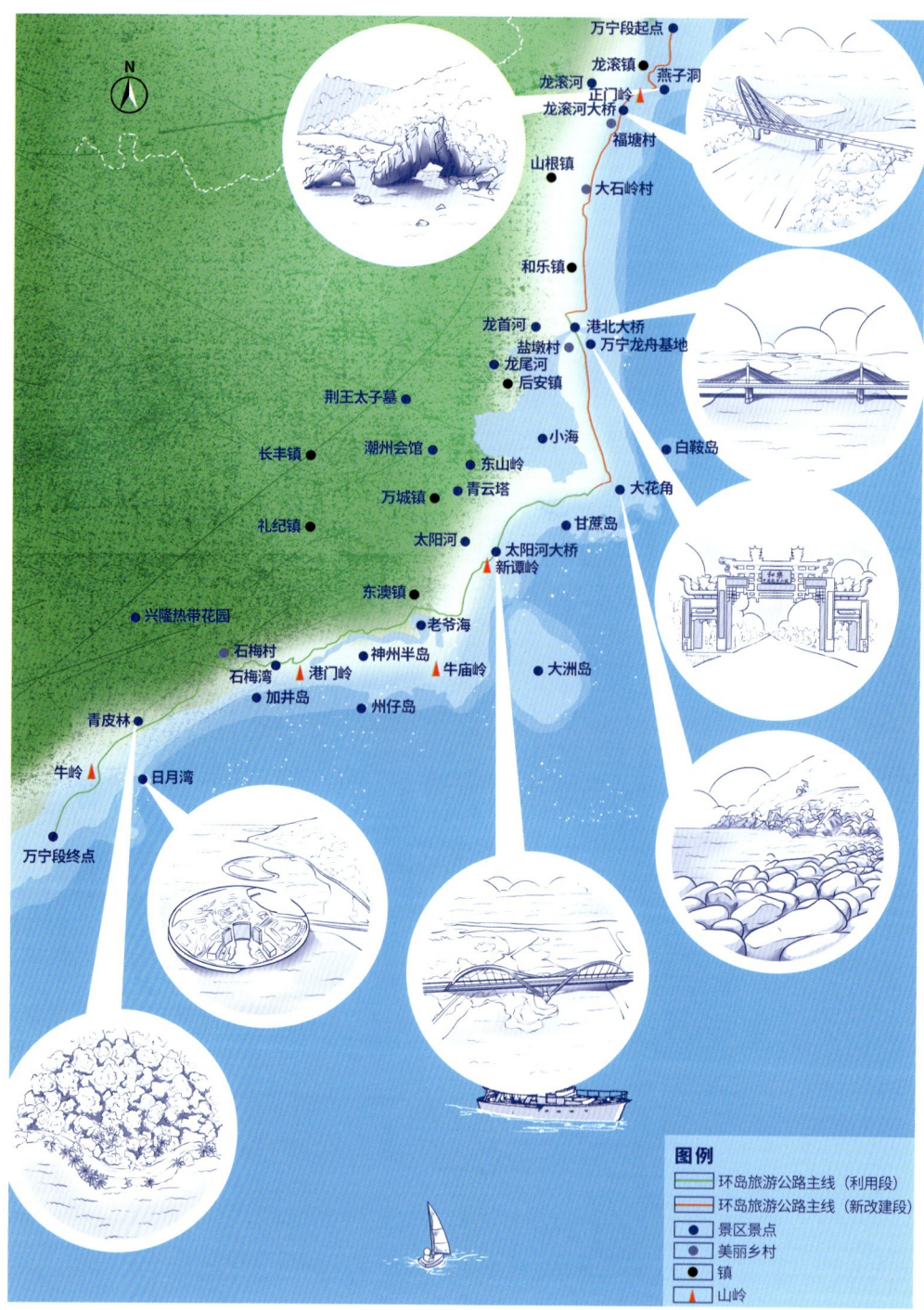

图 9-1 路线走向图

9.4.3 旅游公路横断面设计

1) 用地受限路段

路基总宽度为9.5m,其横断面组成为:

1.0m土路肩+0.25m路缘带+2×3.5m行车道+0.25m路缘带+1.0m土路肩(含0.25m绿化带),如图9-2所示。

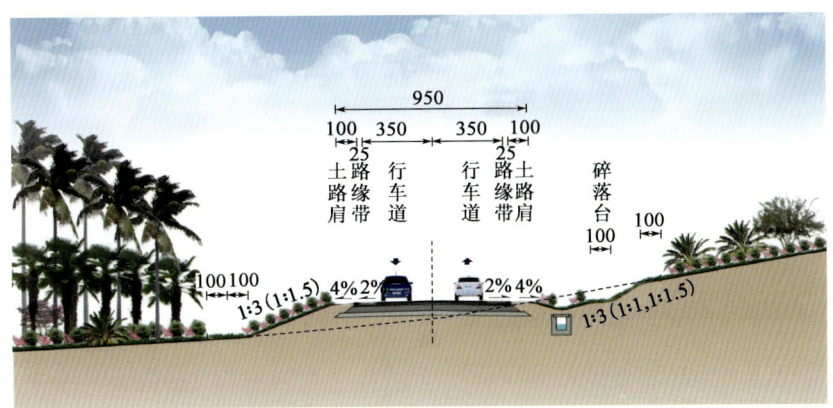

图9-2 9.5m标准横断面(尺寸单位:cm)

2) 人非混行需求一般路段

路基总宽度为12.0m,其横断面组成为:

0.75m土路肩+1.75m硬路肩+2×3.5m行车道+1.75m硬路肩+0.75m土路肩,如图9-3所示。

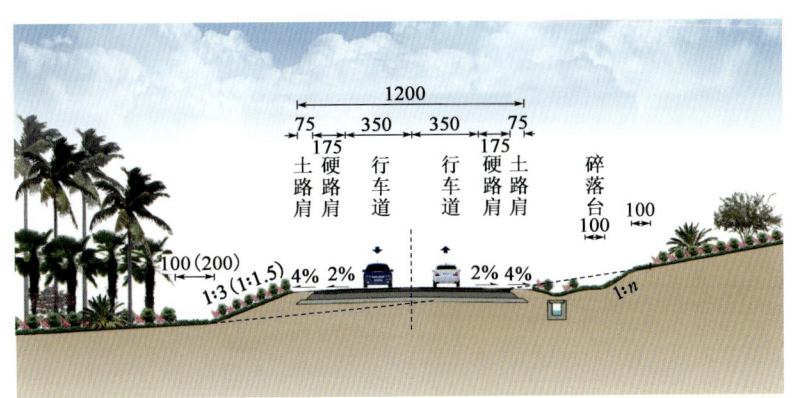

图9-3 12.0m标准横断面(尺寸单位:cm)

3) 人非混行需求较大路段

路基总宽度为14.0m,其横断面组成为:

0.75m 土路肩 + 2.75m 硬路肩 + 2×3.5m 行车道 + 2.75m 硬路肩 + 0.75m 土路肩,如图 9-4 所示。

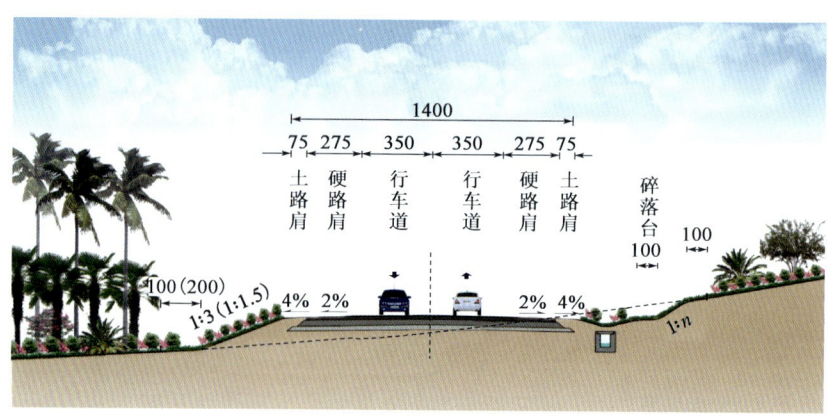

图 9-4　14.0m 标准横断面(尺寸单位:cm)

4) 连接观景台、景点的支线路段

路基总宽度为 6.5m,其横断面组成为:

0.25m 土路肩 + 2×3.0m 行车道 + 0.25m 土路肩。

9.5 旅游公路设计指标选择

推荐路线方案主要技术指标,见表 9-5。

主要技术指标　　　　　　　　　　　　　　　表 9-5

项目		单位	主线	
			规定值	采用值
公路等级			二级/三级公路	
旅游公路等级		级	A	
设计速度		km/h	40/60	40
路基宽度		m	9.5/12.0/14	9.5/14
停车视距		m	40/75	40
圆曲线半径	一般半径	m	100/200	135
	最小半径	m	60/125	
	不设超高最小半径	m	600/1500	600
最大纵坡度		%	7/6	6.9
最短坡长		m	120/150	135

续上表

项目			单位	主线	
				规定值	采用值
最小竖曲线半径	凸型	一般值	m	700/2000	1200
		最小值	m	450/1400	
	凹型	一般值	m	700/1500	1800
		最小值	m	450/1000	
最小竖曲线长度			m	35/50	92
汽车荷载等级			—	公路-Ⅱ级	公路-Ⅱ级

9.6 主体设计及指标选择结果分析

1) 总体设计

万宁旅游公路的总体设计及交通功能与服务对象定位均很好地体现了本项目的设计原则与内涵。

2) 设计要点

采用的荷载标准、设置的车道考虑比较合适。设计速度上根据公路的功能、等级及交通组成,结合沿线地形、地物、地质状况等论证选用,与按旅游价值灵活取用基本吻合。

3) 路线

万宁旅游公路设计在路线选线原则和实施方面与前述章节的要求基本一致。

4) 平、纵横指标

(1) 断面形式根据路段特点灵活变换,按用地受限路段、人非混行需求一般路段、人非混行需求较大路段、连接观景台、景点的支线路段等设置不同的路基横断面。

(2) 平纵面设计不追求高指标,灵活掌握,例如 K5+000~K7+000 段,采用设计速度 30km/h,依山体和现有路布线,不过度追求线形指标,尽量减少对山体的破坏。

(3) 贯彻尽量利用原有道路改扩建的原则,利用路段纵断面维持不变,路面经检测后决定铣刨后罩面或拆除重建。

(4) 人行道的设置与本书理念基本一致,在穿越景点或驿站路段或人非混行需求较大段采用加宽硬路肩的方案。

5) 路面铺装

万宁旅游公路路面结构根据荷载状况分为 3 种,分别为主线行车道路面结构,支线、观景台、停车区路面结构,慢行道路面结构。

9.7 关键方案

9.7.1 悬崖路段设计方案—正门岭大桥

正门岭路段位于万宁市龙滚镇,周边配套的景点有山钦湾海岸线、山钦古庙、正门岭滑翔伞基地、燕子洞景点、山钦湾高尔夫球场等。该路段是全岛唯一的新建悬崖路段,山体悬崖坡度较大,植被遮挡小,景观视域广。为保护现状自然环境,在设计上充分利用现状道路,在山体坡度过大区域以总长840m正门岭大桥方案跨越,工程与自然的紧密结合,行驶在公路上,可以在悬崖峭壁中感受碧波万顷,如图9-5和图9-6所示。

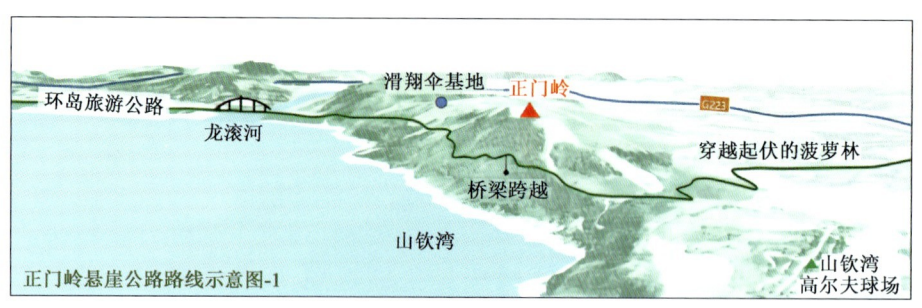

图9-5　万宁正门岭悬崖段路线示意

图9-6　万宁正门岭大桥照片

9.7.2 河口路段设计方案-龙滚河大桥

龙滚河为泄洪通道入海口,水面宽约90m,水深约1~2m,距入海口约190m,入海口处有海浪堆积形成的沙坝,地形呈"U"形。河口地形相对平坦,通视性较好,背景自然,景物层次较单调。在满足通航以及水文条件的基础上,桥梁创意以桥址所在区域的"冲浪"元素为基调,设计为无背索斜拉桥+弧形索塔方案,整体造型犹如航行的帆船,独具张力和动感。桥梁轻快灵动,与地形景观融洽,减小对景观视域的阻碍,如图9-7所示。

图9-7 万宁市龙滚河大桥

附　　录

附录 A　悬崖路段

万宁正门岭路段,如附图 1 所示。

附图 1　万宁正门岭路段

万宁石梅湾路段,如附图2所示。

附图2　万宁石梅湾路段

附录 B　湿地路段

文昌铺前湾路段,如附图3所示。

附图3　文昌铺前湾路段

万宁老爷海路段,如附图4所示。

附图4　万宁老爷海路段

琼海彭家湾路段,如附图5所示。

附图5　琼海彭家湾路段

文昌会文镇路段,如附图6所示。

附图6　文昌会文镇路段

附录 C　风车路段

儋州火山海岸路段,如附图7所示。

附图7　儋州火山海岸路段

东方风车路段,如附图8所示。

附图8　东方风车路段

附录 D　椰林和防风林路段

澄迈雷公岛路段,如附图9所示。

附图9　澄迈雷公岛路段

文昌东郊椰林路段，如附图10所示。

附图10　文昌东郊椰林路段

附录 E　河口路段

万宁太阳河路段，如附图11所示。

附图11　万宁太阳河路段

东方感恩河路段,如附图 12 所示。

附图 12　东方感恩河路段

附录 F　田园路段

乐东莺歌海盐场路段,如附图 13 所示。

附图 13　乐东莺歌海盐场路段

万宁市龙滚镇山钦湾附近路段,如附图 14 所示。

附图 14　万宁市龙滚镇山钦湾附近路段

附录 G　城镇及旅游区路段

琼海博鳌支线路段,如附图 15 所示。

附图 15　琼海博鳌支线路段

临高角路段,如附图 16 所示。

附图 16　临高角路段

附录 H　驿站

儋州火山海岸驿站,如附图 17 所示。

附图 17　儋州火山海岸驿站

儋州儋耳追光驿站,如附图 18 所示。

附图 18　儋州儋耳追光驿站

乐东莺歌踏浪驿站,如附图 19 所示。

附图 19　乐东莺歌踏浪驿站

附录 I　观景台

文昌新阜海观景台,如附图 20 所示。

附图 20　文昌新阜海观景台

附录 J　停车区

澄迈红坎岭陶艺园停车区,如附图 21 所示。

附图 21　澄迈红坎岭陶艺园停车区

琼海博鳌支线停车区，如附图22所示。

附图22　琼海博鳌支线停车区

琼海珊瑚岛停车区，如附图23所示。

附图23　琼海珊瑚岛停车区

参考文献

[1] 陆旭东.海南滨海旅游公路设计体系研究[D/OL].北京:中国农业大学,2017. http://libvpn.cqjtu.edu.cn/vpn/1/http/GEZC6MJPGI4UALSUHI5UAMBR/kcms/detail/detail.aspx?recid=&FileName=1017168289.nh&DbName=CDFDLAST2017&DbCode=CDFD&uid=aUNZRXNudkExSytHSFJrSjNZZXcvK3hyNEg1RDY1SDB0L2dIOXZHSmhmT3h0ampV.

[2] 吴广正.旅游公路设计理念与开发体系研究[D/OL].南京:东南大学,2019. http://libvpn.cqjtu.edu.cn/vpn/1/http/GEZC6MJPGI4UALSUHI5UAMBR/kcms/detail/detail.aspx?recid=&FileName=1020309578.nh&DbName=CMFDLAST2021&DbCode=CMFD&uid=aUNudXpxeUFWTmE4aVlVRUI4ODEvYmRhNGZNSmJVM2d3MEx5RnZobVpvMmx4RVAw.

[3] 中华人民共和国住房和城乡建设部.城市道路工程设计规范:CJJ 37—2012[S].北京:人民交通出版社,2012.

[4] 中华人民共和国交通运输部.公路路线设计规范:JTG D20—2017[S].北京:人民交通出版,2006.

[5] 中华人民共和国交通运输部.公路工程技术标准:JTG B01—2014[S].北京:人民交通出版社股份有限公司,2014.

[6] 中国工程建设标准化协会.旅游公路技术标准:T/CECS G:C12—2021[S].北京:人民交通出版社股份有限公司,2021.

[7] 王凯琪.旅游公路景观设计研究[D/OL].南京:南京农业大学,2020. http://libvpn.cqjtu.edu.cn/vpn/1/http/GEZC6MJPGI4UALSUHI5UAMBR/kcms/detail/detail.aspx?recid=&FileName=1022020807.nh&DbName=CMFDLAST2022&DbCode=CMFD&uid=aVpNVWlWYzhsSjdtK1JGN25oM0Q3c2hBUWJ2U1lUVEJvOTBhNU9PUVF3UktpR25N.

[8] 凌珑.交旅融合背景下的旅游公路景观体系设计研究[D/OL].重庆:重庆交通大学,2020. http://libvpn.cqjtu.edu.cn/vpn/1/http/GEZC6MJPGI4UALSUHI5UAMBR/kns55/brief/result.aspx.

[9] 陆嘉珉.海南万宁旅游公路设计综述[J].城市道路与防洪,2016,12(12):18-21.

[10] 彭归来.旅游公路景观设计探讨——以溧阳1号公路为例[J].绿色科技,2019,11(6):18-21.

[11] 吴洲.旅游区滨水风景道景观设计研究[D/OL].苏州:苏州大学,2020. http://libvpn.cqjtu.edu.cn/vpn/1/http/GEZC6MJPGI4UALSUHI5UAMBR/kcms/detail/detail.aspx?recid=&FileName=1020019866.nh&DbName=CMFDLAST2021&DbCode=CMFD&uid=ajdnc0E5R0dhOU4vKzhGaWFZTWI3aGx1TE9OWGF3N3RqbnlZQ0MwQ1V5UnRaYmdX.

[12] 王晓俊.美国风景资源管理系统及其方法[J].自然资源学报.1993,8(4),371-380.

[13] 焦建春.绿道旅游功能开发与运营管理初探[J].现代城市研究.2012(3),19-24.

[14] 姜允芳,石铁矛,苏娟.美国绿道网络的实施策略与控制管理[J].规划师.2010(9),26,88-93.

[15] 樊信友.生态文明观下我国旅游公路建设的思考[J].生态经济.2010,221,87-91.

[16] 王肇飞,席建锋,同强.山区旅游公路服务设施规模设置[J].交通科技与经济.2009(4),54,82-84.

[17] 李婧.海南岛旅游公路服务设施设置分析[J].城市建设理论研究.2013(31).

[18] 龙玲.旅游公路沿线景观设计的初步探讨[J].湖南林业科技.2011,38(2),75-78.

[19] 吴彦,钟湘红.常德—张家界山区旅游高速公路设计特点[J].中外公路.2003,23(2),4-7.

[20] 付军明,李必哲,崔艳丽.关于山区旅游公路建设的一些思考[J].甘肃科技.2007,23(9),195-198.

[21] 吴立新,张宝南,席剑锋.关于山区旅游公路设计的几点探讨[J].科技与经济.2006,34,4-7.

[22] 戈华.山岭区公路路基经济断面设计新理念[J].湖南交通科技.2011(6),37(2),16-17.

[23] 王景景.自驾游驿站设计研究[D/OL].郑州:郑州大学,2019. http://libvpn.cqjtu.edu.cn/vpn/1/http/GEZC6MJPGI4UALSUHI5UAMBR/kcms/detail/detail.aspx?recid=&FileName=1019103585.nh&DbName=CMFDLAST2019&DbCode=CMFD&uid=ajdnc0E5R0dhOU4vKzhGaWFZTWI3aGx1TE9OWGF3N3RqbnlZQ0MwQ1V5UnRaYmdX.